MAPAS BÍBLICOS
ANTES Y AHORA:
Edición de lujo

— ★ —

Nueva edición ampliada

ROSE
ESPAÑOL

Publicado por Rose Publishing Español
Una división de Tyndale House Publishers
Carol Stream, Illinois, EE. UU.
www.hendricksonrose.com

Antes y Ahora es una marca de Rose Publishing, un sello editorial de Tyndale House Ministries. *Then and Now* es una marca registrada de RW Research.

Las ilustraciones de «Las doce tribus de Israel» y «Los doce discípulos» usadas bajo licencia de Shutterstock.com.

Mapas en relieve por ©Michael Schmeling, www.aridocean.com.

Las ilustraciones de «La Jerusalén de David y de Salomón», «Jerusalén en la época de Jesús» y «La tumba de Jesús» por ©Hugh Claycombe.

Las citas bíblicas han sido tomadas de la *Santa Biblia*, Nueva Traducción Viviente, © 2010 Tyndale House Foundation. Usada con permiso de Tyndale House Publishers, 351 Executive Dr., Carol Stream, IL 60188, Estados Unidos de América. Todos los derechos reservados.

Library of Congress Cataloging-in-Publication Data

Names: Rose Publishing (Carol Stream, Ill.), cartographer, publisher. | Schmeling, Michael, cartographer.
Title: Mapas bíblicos antes y ahora: edición de lujo : edición nueva y ampliada / Rose Publishing.
Description: First edition. | Carol Stream, Illinois : Rose Publishing, 2024. | Relief shown by shading. | Summary: "Bible maps, charts, and timelines of both the Old and New Testaments"-- Provided by publisher.
Identifiers: LCCN 2023029432 | ISBN 9781496479600 (paperback)
Subjects: LCSH: Bible--Geography--Maps. | Bible--History of Biblical events--Maps. | LCGFT: Atlases.
Classification: LCC G2230 .R6 2024 | DDC 220.9/10223--dc23/eng/20231026
LC record available at https://lccn.loc.gov/2023029432

Printed in the United States of America
Impreso en Estados Unidos de América
011123VP

CONTENIDO

Clave de los mapas

● Ciudad o pueblo   c. = Fecha aproximada (circa)

▲ Monte   ¿? = Ubicación exacta

■ Fortaleza   desconocida

∴ Ruinas y sitios antiguos

★ Ciudades capitales modernas

Las ciudades antiguas que existen en la actualidad están subrayadas en rojo.

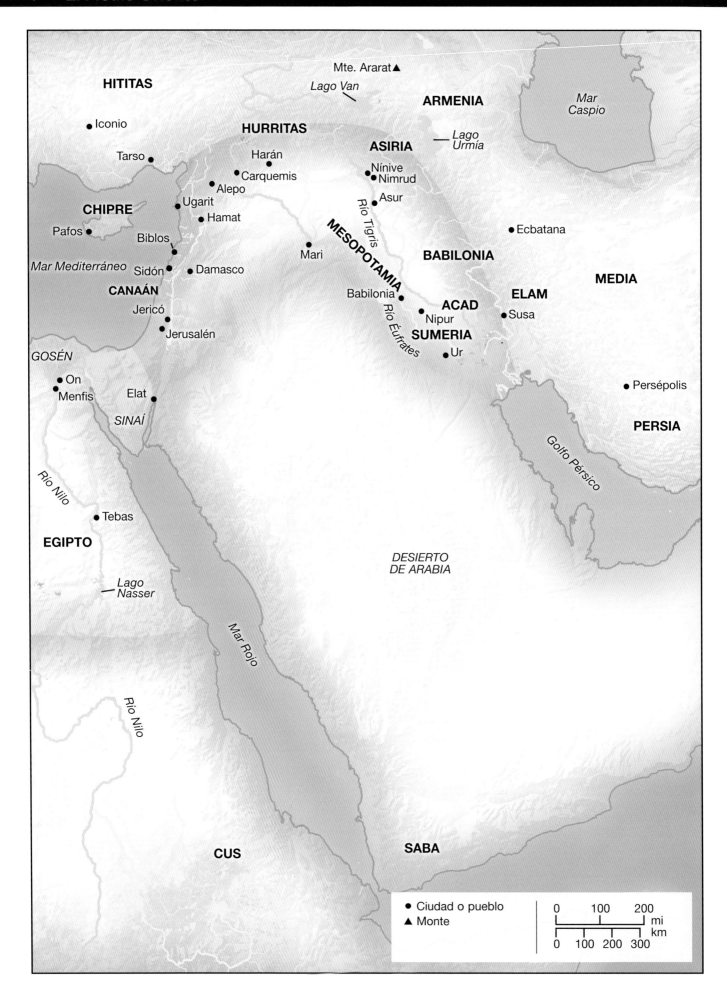

HITITAS

Iconio

Tarso

CHIPRE

Pafos

Mar Mediterráneo

CANAÁN

Jericó

Jerusalén

GOSÉN

On
Menfis

Elat

SINAÍ

Río Nilo

Tebas

EGIPTO

*Lago
Nasser*

Río Nilo

HURRITAS

Harán

Carquemis

Alepo

Ugarit

Hamat

Biblos

Sidón

Damasco

Mari

Mte. Ararat▲

Lago Van

ARMENIA

ASIRIA

Nínive
Nimrud

Asur

Río Tigris

MESOPOTAMIA

Babilonia

ACAD

Nipur

SUMERIA

Ur

Río Éufrates

*Lago
Urmía*

*Mar
Caspio*

Ecbatana

BABILONIA

ELAM

Susa

MEDIA

Persépolis

PERSIA

Golfo Pérsico

Mar Rojo

*DESIERTO
DE ARABIA*

CUS

SABA

● Ciudad o pueblo
▲ Monte

0	100	200

mi
km

0	100	200	300

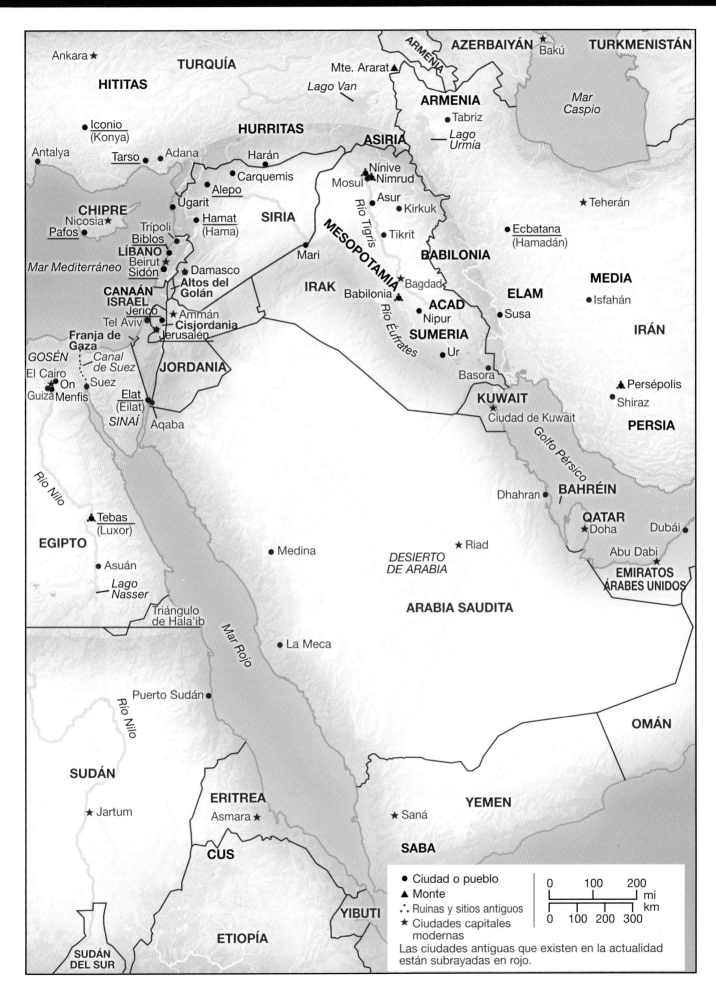

Ankara ★
TURQUÍA
HITITAS
Mte. Ararat ▲
AZERBAIYÁN
Bakú ★
TURKMENISTÁN
ARMENIA
Lago Van
ARMENIA
Mar Caspio
Iconio (Konya) ●
HURRITAS
Tabriz ●
Antalya ●
Tarso ●
Adana ●
Harán
ASIRIA
Lago Urmía
Carquemis ●
Nínive ●
Nimrud
Teherán ★
Alepo
Mosul
Ugarit ●
Asur ●
SIRIA
Río Tigris
Kirkuk ●
CHIPRE
Hamat (Hama) ●
MESOPOTAMIA
Tikrit ●
Ecbatana (Hamadán) ●
Nicosia ★
Pafos
Trípoli
Biblos
Mar Mediterráneo
LÍBANO
Beirut ★
Sidón ●
Mari ●
BABILONIA
MEDIA
Isfahán ●
Damasco ★
Bagdad ★
ELAM
CANAÁN
Altos del Golán
IRAK
Babilonia ●
ACAD
Susa ●
ISRAEL
Jericó ●
Nipur ●
IRÁN
Tel Aviv ●
Ammán ★
SUMERIA
Cisjordania
Jerusalén ★
Río Éufrates
Ur ●
Franja de Gaza
GOSÉN
Canal de Suez
JORDANIA
Basora ●
Persépolis ▲
El Cairo ●
On ●
Suez ●
KUWAIT ★
Shiraz ●
Guiza ● Menfis ●
Elat (Eilat) ●
Ciudad de Kuwait ★
PERSIA
SINAÍ
Aqaba
Golfo Pérsico
Río Nilo
BAHRÉIN
Dhahran ●
Tebas (Luxor) ▲
QATAR
EGIPTO
Doha ★
Dubái ●
Asuán ●
Medina ●
Riad ★
Abu Dabi ●
Lago Nasser
DESIERTO DE ARABIA
EMIRATOS ÁRABES UNIDOS
Triángulo de Hala'ib
Mar Rojo
ARABIA SAUDITA
La Meca ●
OMÁN
Río Nilo
Puerto Sudán ●
SUDÁN
ERITREA
YEMEN
Jartum ★
Asmara ★
Saná ★
CUS
SABA

● Ciudad o pueblo
▲ Monte
∴ Ruinas y sitios antiguos
★ Ciudades capitales modernas

0   100   200 mi
0   100 200 300 km

Las ciudades antiguas que existen en la actualidad están subrayadas en rojo.

YIBUTI
ETIOPÍA
SUDÁN DEL SUR

GÉNESIS | **ÉXODO, LEVÍTICO, NÚMEROS, DEUTERONOMIO** | **JOSUÉ, JUECES**

HISTORIA BÍBLICA

Hebreos (israelitas) en Egipto c. 1876–1446

Era de los jueces (Débora, Gedeón, Sansón y otros) c. 1350–1051

✒ = Se escribió un libro de la Biblia (las fechas indican el periodo de tiempo en el cual el libro fue escrito y/o compilado).

◈ = Pacto

c. = Fecha aproximada

Se desconocen las fechas de los eventos antes de Abraham.

« Dios crea al mundo y a Adán y Eva.

✒ Job (fechas desconocidas)

◈ Pacto adámico

« Se construye el barco de Noé; el diluvio.

◈ Pacto noético

« Se construye la Torre de Babel.

Abraham c. 2166–1991

◈ Pacto abrahámico

Isaac c. 2066–1886

Jacob c. 2005–1859

José c. 1914–1805

• La familia de Jacob migra a Egipto. c. 1876

Aarón c. 1529–1407

Moisés c. 1526–1406

• La primera Pascua c. 1446

• El Éxodo (fecha alta) c. 1446

◈ Pacto mosaico

• Los Diez Mandamientos y otras leyes c. 1446

• Se construye el tabernáculo. c. 1446

Los israelitas deambulan en el desierto. c. 1446–1406

✒ Moisés escribe desde el Génesis hasta Deuteronomio. c. 1446–1406

• Rahab rescata a los espías. c. 1406

• Josué ingresa con los israelitas a Canaán. c. 1406

El Éxodo (fecha baja) c. 1290 •

✒ Se escribe Josué. c. 1300

Algunos eruditos datan el Éxodo en el año 1290 a. C. (fecha baja).
La era de los jueces comenzaría entonces alrededor del 1130 a. C.

HISTORIA MUNDIAL

| 2100 a. C. | 2000 a. C. | 1900 a. C. | 1800 a. C. | 1700 a. C. | 1600 a. C. | 1500 a. C. | 1400 a. C. | 1300 a. C. |

« Primeras formas de escritura (cuneiforme) en Mesopotamia. c. 3200

« Se edifica Stonehenge en Inglaterra. c. 3000

« Se construyen las pirámides del antiguo reino en Egipto. c. 2700–2200

• Zigurats construidos en Ur. c. 2100

11.ª y 12.ª dinastía en Egipto c. 2050–1800

• La cuidad de Ur cae ante Elam. c. 2000

• Los hititas y las tribus indoeuropeas forman un solo reino. c. 2000

• Comienzo del alfabeto semítico. c. 2000

• Los cuatro elementos básicos identificados en India: tierra, aire, fuego y agua. c. 2000

13.ª–17.ª dinastía en Egipto c. 1800–1570

Hammurabi reina en Babilonia. c. 1792–1750

Los hicsos reinan en Bajo Egipto. c. 1730–1570

• Primer diccionario chino; contiene 40.000 caracteres. 1717

• La dinastía Shang comienza en China. c. 1600

• Los hititas saquean Babilonia. 1595

• Los hicsos son expulsados; comienza la 18.ª dinastía en Egipto. 1570

Faraón Tutmosis III c. 1504–1450

Faraón Amenhotep II 1453–1426

• Estela del Sueño de Tutmosis IV c. 1401

• Cartas de Amarna escritas entre Canaán y Egipto. c. 1400

Tutankamón (rey Tut) de Egipto c. 1333–1323

Faraón Ramsés I 1318–1317

Faraón Seti 1317–1304

Faraón Ramsés II 1304–1237

JUECES, RUT

1 SAMUEL A 2 CRÓNICAS

ESDRAS, NEHEMÍAS, ESTER

Era de los jueces

• Rut (fechas desconocidas)

• Se escribe Jueces. c. 1350–1000

• El reino se divide en Israel (al norte) y Judá (al sur). 931

El reino del norte de Israel 931–722 • Israel cae ante Asiria. 722

El reino del sur de Judá 931–586

• Gedalías, gobernador de Judá 586

• Judá cae ante Babilonia; el templo es destruido; el pueblo es desterrado. 586

• Elí, sacerdote en Silo c. 1100–1060

• Daniel c. 605–535

• Malaquías c. 400s

• Ezequiel c. 593–571 • Joel (fecha desconocida)

• Se escriben 1 y 2 Samuel. c. 1100–931

• Ciro les permite a los judíos regresar del destierro. 538

• Comienza la reconstrucción del templo. 536

• Samuel, juez y profeta en Israel c. 1060–1020

• Elías c. 870–845

• Eliseo c. 845–800

• Hageo c. 520

• Zacarías c. 520–518

• Rey Saúl, el primer rey de Israel c. 1051–1011

• Jonás c. 783–753

• Abdías c. 586

• Zorobabel y Josué el sumo sacerdote; templo terminado 516

• Rey David c. 1011–971

• Amós c. 760–753

• Se escribe Lamentaciones. c. 586

• Reina Ester c. 478

• Se escribe Salmos. c. 1000–450

• Oseas c. 752–722

• Se escriben 1 y 2 Reyes. c. 561–539

• Esdras va a Judá. 457

◆ Pacto davídico

• Isaías c. 740–681

• Miqueas c. 738–698

• Nahúm c. 663–612

• Se escriben 1 y 2 Crónicas. c. 450–400

• Profeta Natán c. 990–971

• Sofonías c. 641–628

• Nehemías gobierna Judá. 444–432

• Rey Salomón c. 971–931

• Jeremías c. 626–582

• Se escriben Esdras y Nehemías. c. 400s

• Se escriben Proverbios, Eclesiastés y Cantares. c. 971–931

• Habacuc c. 609–598

• Se construye el primer templo en Jerusalén. 960

Lista de los reyes según las fechas de reinado.   *Lista de los profetas según las fechas en que profetizaron.*

| 1200 a. C. | 1100 a. C. | 1000 a. C. | 900 a. C. | 800 a. C. | 700 a. C. | 600 a. C. | 500 a. C. | 400 a. C. |

• Dinastías maya descubiertas en América Central. c. 1000

• El rey Mesa expulsa de Moab a los israelitas. c. 850

• Gautama Buda de la India c. 563–483

Faraón Merenpta 1237–1227

• Asiria obliga a Israel a pagar tributo. 841

• Fábulas de Esopo c. 560

• Estela de Mernepta c. 1220

• Hiram, rey de Tiro c. 978–944

• Poeta griego Homero c. 800–701

• Ciro el Grande, rey de Persia 559–530

• Colapso del imperio hitita. c. 1200

• Los primeros juegos olímpicos registrados en Grecia. 776

• Filósofo Confucio de China 551–479

• Comienza la Edad del Hierro. c. 1200

Faraón Sisac I 945–924

• Babilonia cae ante Persia y Media. 539

• Cultura olmeca de México marcada por las cuantiosas esculturas de basalto. c. 1200

• Comienza la expansión asiria. 912

• La fundación de Roma. 753

• Darío el medo gobierna Babilonia. 539

• Tiglat-pileser III de Asiria 745–727

• Establecimiento de la república romana. 509

• Comienza la Guerra de Troya en Asia Menor. c. 1190

Sargón II de Asiria conquista Samaria (Israel). 722

Senaquerib de Asiria 705–681

• Líder ateniense Pericles de Grecia 500–429

• El poderío de Egipto comienza a declinar. c. 1164

• Nínive (Asiria) cae ante Babilonia y Media. 612

• La dinastía Zhou (Chou) comienza en China. c. 1150

Asurnasirpal II de Asiria 883–859

Rey Nabucodonosor II de Babilonia 604–562

Rey Jerjes I (Asuero) de Persia 485–465

Salmanasar III de Asiria 859–824

Rey Artajerjes de Persia 464–424

Tiglat-pileser I reina en Asiria. 1114–1076

Ramsés II

Comienza la guerra del Peloponeso. 431 •

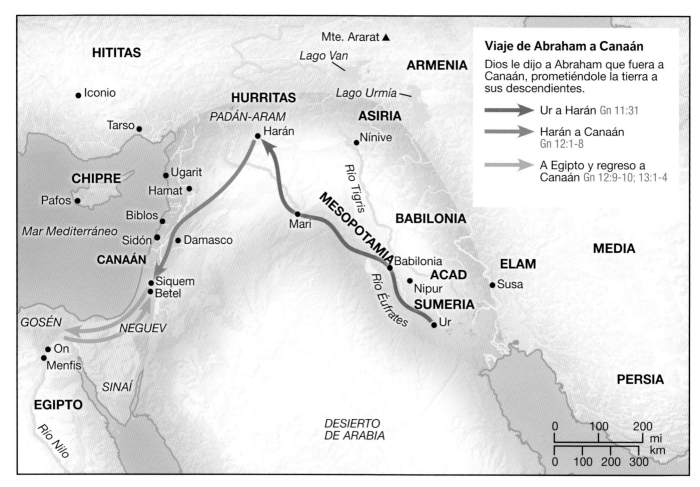

Viaje de Abraham a Canaán

Dios le dijo a Abraham que fuera a Canaán, prometiéndole la tierra a sus descendientes.

→ Ur a Harán Gn 11:31

→ Harán a Canaán Gn 12:1-8

→ A Egipto y regreso a Canaán Gn 12:9-10; 13:1-4

HITITAS

Iconio

Tarso

Mte. Ararat ▲

Lago Van

ARMENIA

Lago Urmía

HURRITAS

PADÁN-ARAM

Harán

ASIRIA

Nínive

CHIPRE

Ugarit

Hamat

Pafos

Biblos

Mar Mediterráneo

Sidón

Damasco

CANAÁN

Siquem

Betel

Mari

MESOPOTAMIA

Río Tigris

BABILONIA

Babilonia

ACAD

Nipur

SUMERIA

Ur

Río Éufrates

ELAM

Susa

MEDIA

PERSIA

GOSÉN

NEGUEV

On

Menfis

SINAÍ

EGIPTO

Río Nilo

DESIERTO DE ARABIA

0   100   200   mi

km

0   100   200   300

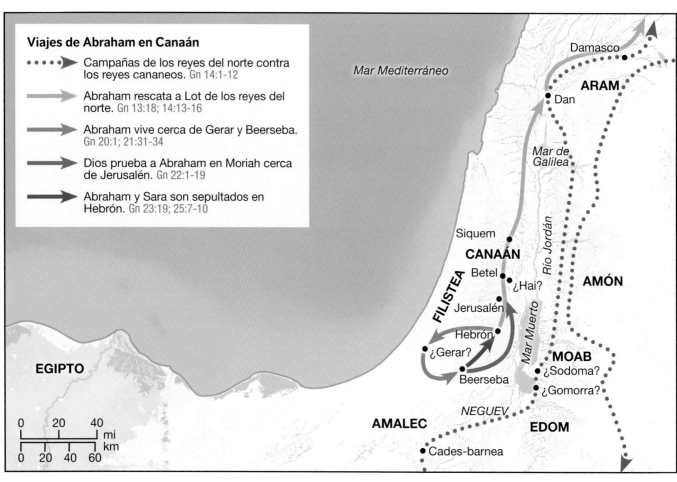

Viajes de Abraham en Canaán

• • • • ▸ Campañas de los reyes del norte contra los reyes cananeos. Gn 14:1-12

→ Abraham rescata a Lot de los reyes del norte. Gn 13:18; 14:13-16

→ Abraham vive cerca de Gerar y Beerseba. Gn 20:1; 21:31-34

→ Dios prueba a Abraham en Moriah cerca de Jerusalén. Gn 22:1-19

→ Abraham y Sara son sepultados en Hebrón. Gn 23:19; 25:7-10

Mar Mediterráneo

Damasco

ARAM

Dan

Mar de Galilea

Río Jordán

Siquem

CANAÁN

Betel

¿Hai?

FILISTEA

Jerusalén

Hebrón

¿Gerar?

Beerseba

Mar Muerto

AMÓN

MOAB

¿Sodoma?

¿Gomorra?

EGIPTO

NEGUEV

AMALEC

EDOM

Cades-barnea

0   20   40   mi

km

0   20   40   60

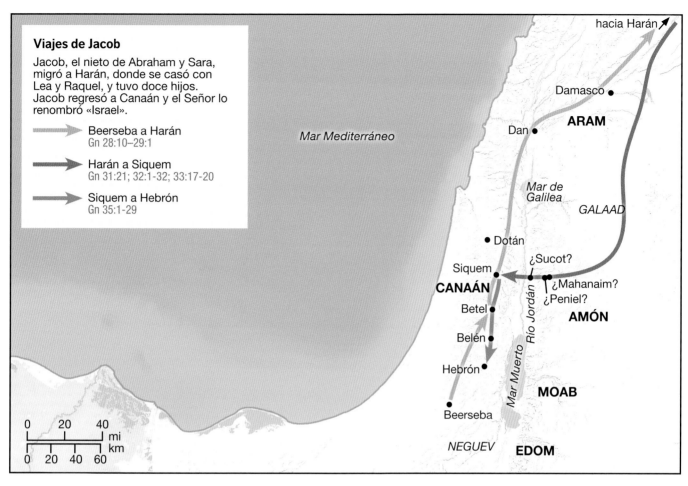

Viajes de Jacob

Jacob, el nieto de Abraham y Sara, migró a Harán, donde se casó con Lea y Raquel, y tuvo doce hijos. Jacob regresó a Canaán y el Señor lo renombró «Israel».

→ Beerseba a Harán
Gn 28:10–29:1

→ Harán a Siquem
Gn 31:21; 32:1-32; 33:17-20

→ Siquem a Hebrón
Gn 35:1-29

hacia Harán

Mar Mediterráneo

Damasco

ARAM

Dan

Mar de Galilea

GALAAD

Dotán

¿Sucot?

Siquem

CANAÁN

¿Mahanaim?
¿Peniel?

Betel

Río Jordán

AMÓN

Belén

Hebrón

Mar Muerto

MOAB

Beerseba

NEGUEV **EDOM**

```
0    20    40
|----|----|   mi
             km
0   20   40   60
```

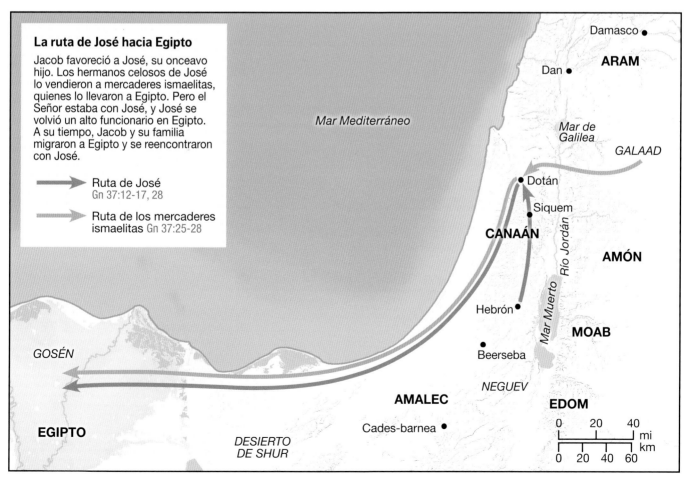

La ruta de José hacia Egipto

Jacob favoreció a José, su onceavo hijo. Los hermanos celosos de José lo vendieron a mercaderes ismaelitas, quienes lo llevaron a Egipto. Pero el Señor estaba con José, y José se volvió un alto funcionario en Egipto. A su tiempo, Jacob y su familia migraron a Egipto y se reencontraron con José.

→ Ruta de José
Gn 37:12-17, 28

→ Ruta de los mercaderes ismaelitas Gn 37:25-28

Damasco

ARAM

Dan

Mar Mediterráneo

Mar de Galilea

GALAAD

Dotán

Siquem

CANAÁN

Río Jordán

AMÓN

Hebrón

Mar Muerto

MOAB

Beerseba

NEGUEV

GOSÉN

AMALEC **EDOM**

EGIPTO

Cades-barnea

DESIERTO DE SHUR

```
0    20    40
|----|----|   mi
             km
0   20   40   60
```

Fecha del Éxodo

La fecha del Éxodo es muy difícil de establecer y además muy debatida. Hay dos opciones principales: una fecha alta (1446 a. C.) y una fecha baja (1290 a. C.).

La evidencia para la fecha alta (1446 a. C.)

✦ Primera de Reyes 6:1 establece que el Éxodo sucedió 480 años antes del cuarto año del reinado de Salomón (966 a. C.). Empezando por el final, esto dataría el Éxodo en el 1446 a. C.

✦ En Jueces 11:26, Jefté (alrededor del 1100 a. C.) afirmó que Israel había estado en Canaán por 300 años. Añadiendo los 40 años del peregrinar por el desierto, esto colocaría el Éxodo alrededor del 1440 a. C.

✦ Las Cartas/Tablas de Amarna (alrededor del 1400 a. C.) son correspondencias escritas entre los funcionarios egipcios y los representantes de Canaán. Estas cartas hablan de un periodo de caos en Canaán, el cual podría ser la conquista de Josué 40 *años* *d*espués del Éxodo. Las cartas también hacen mención a un grupo al que se refieren en acadio como hapiru —marginados sociales/nómades, esclavos o trabajadores migrantes— posiblemente los israelitas en esa época.

EL ÉXODO

El Éxodo es la historia de cómo Dios libera a los hebreos de la esclavitud en Egipto y los lleva a la tierra prometida. Después de la muerte de José, el faraón de Egipto se olvidó de él y esclavizó a los hebreos. ¡Un faraón incluso ordenó que los hijos varones de los hebreos fueran arrojados al río Nilo! Fue durante este tiempo que nació un hebreo llamado Moisés y fue salvado de la muerte. Rescatado del Nilo por la hija del faraón, Moisés creció como un miembro de la familia del faraón. Años más tarde, Dios llamó a Moisés para que sacara de Egipto a los esclavos hebreos, y los llevara lejos del alcance del faraón.

✦ La Estela de Mernepta (alrededor del 1220 a. C.) es una inscripción que relata las victorias de un gobernante egipcio. La estela menciona a «Israel» como un grupo establecido en Canaán. La fecha baja 1290 a. C. no provee tiempo suficiente a que Israel estuviera bien establecido para la fecha que señala esta estela.

✦ La Estela del Sueño (1401 a. C.) indica que el faraón Tutmosis IV no fue el primogénito heredero legal al trono, lo cual da a entender que el primogénito del faraón Amenhotep II (1453-1426 a. C.) había fallecido.

Evidencia para la fecha baja (1290 a. C.)

✦ No se descubrió ninguna referencia a «Israel» como pueblo fuera de la Biblia antes de la Estela de Mernepta (alrededor del 1220 a. C.).

✦ Las ciudades que la Biblia dice que los hebreos construyeron mientras estaban en Egipto (Pitón y Ramsés; Ex 1:11) fueron completadas por el faraón Ramsés II (1304-1237 a. C.).

✦ La fecha bíblica se puede entender como simbólica, por lo tanto, los 480 años que se mencionan en 1 Reyes 6:1 es un periodo de 12 generaciones (40 años por generación). Las fechas bíblicas quizás también sean exageradas o generalizadas, tal como la afirmación de Jefté sobre los 300 años (Jc 11:26).

✦ El marco de tiempo para los diferentes jueces que se mencionan en el libro de los Jueces es posible que se haya superpuesto. Esto daría cuenta de un periodo de tiempo más corto para la conquista de Josué, el posicionamiento del pueblo, y la era de los jueces, lo cual haría que la fecha baja fuera posible.

Mientras se hacen nuevos descubrimientos arqueológicos, nuestro entendimiento de este periodo de tiempo continúa creciendo. A pesar de que no hay evidencia suficiente para afirmar que la fecha alta del Éxodo es la correcta, tanto la tradición como las investigaciones actuales favorecen esta posición más que a la fecha baja.

Cronología del Éxodo

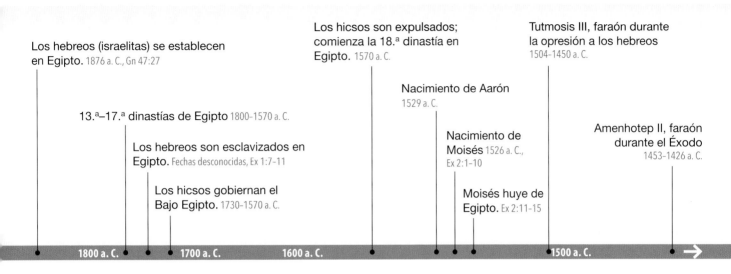

Los hebreos (israelitas) se establecen en Egipto. 1876 a. C., Gn 47:27

Los hicsos son expulsados; comienza la 18.ª dinastía en Egipto. 1570 a. C.

Tutmosis III, faraón durante la opresión a los hebreos 1504-1450 a. C.

13.ª–17.ª dinastías de Egipto 1800-1570 a. C.

Nacimiento de Aarón 1529 a. C.

Los hebreos son esclavizados en Egipto. Fechas desconocidas, Ex 1:7-11

Nacimiento de Moisés 1526 a. C., Ex 2:1-10

Amenhotep II, faraón durante el Éxodo 1453-1426 a. C.

Los hicsos gobiernan el Bajo Egipto. 1730-1570 a. C.

Moisés huye de Egipto. Ex 2:11-15

1800 a. C.   1700 a. C.   1600 a. C.   1500 a. C.

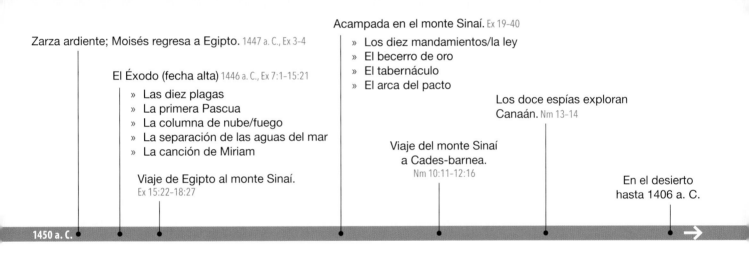

Zarza ardiente; Moisés regresa a Egipto. 1447 a. C., Ex 3-4

Acampada en el monte Sinaí. Ex 19-40
» Los diez mandamientos/la ley
» El becerro de oro
» El tabernáculo
» El arca del pacto

El Éxodo (fecha alta) 1446 a. C., Ex 7:1-15:21
» Las diez plagas
» La primera Pascua
» La columna de nube/fuego
» La separación de las aguas del mar
» La canción de Miriam

Los doce espías exploran Canaán. Nm 13-14

Viaje del monte Sinaí a Cades-barnea. Nm 10:11-12:16

Viaje de Egipto al monte Sinaí. Ex 15:22-18:27

En el desierto hasta 1406 a. C.

1450 a. C.

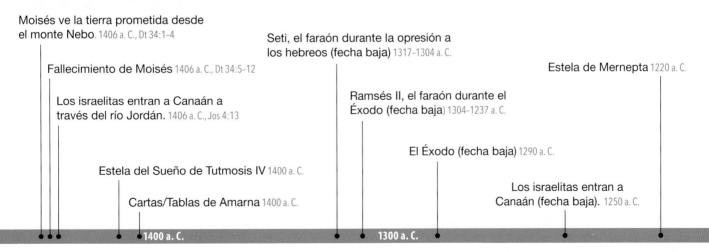

Moisés ve la tierra prometida desde el monte Nebo. 1406 a. C., Dt 34:1-4

Seti, el faraón durante la opresión a los hebreos (fecha baja) 1317-1304 a. C.

Estela de Mernepta 1220 a. C.

Fallecimiento de Moisés 1406 a. C., Dt 34:5-12

Ramsés II, el faraón durante el Éxodo (fecha baja) 1304-1237 a. C.

Los israelitas entran a Canaán a través del río Jordán. 1406 a. C., Jos 4:13

El Éxodo (fecha baja) 1290 a. C.

Estela del Sueño de Tutmosis IV 1400 a. C.

Cartas/Tablas de Amarna 1400 a. C.

Los israelitas entran a Canaán (fecha baja). 1250 a. C.

1400 a. C.   1300 a. C.

Las fechas de la cronología son aproximadas. Si consideramos una fecha baja, los eventos que siguen al Éxodo (Pascua, Sinaí, etcétera) estarían datados entre el 1290 a. C. y el 1250 a. C.

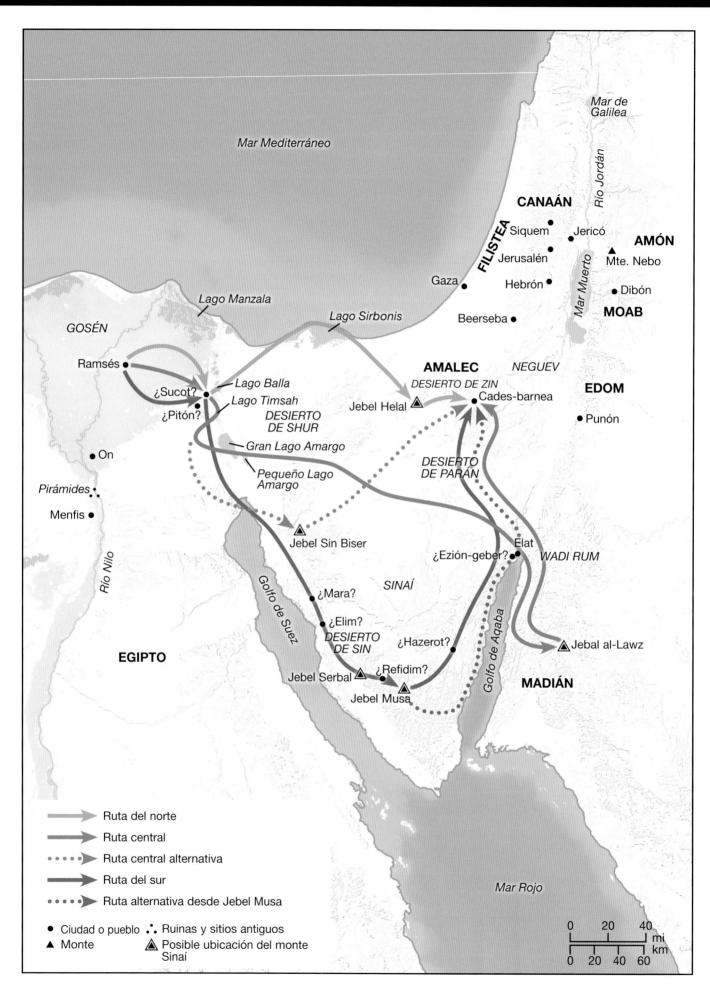

Mar de Galilea

Mar Mediterráneo

Lago Manzala

Lago Sirbonis

GOSÉN

CANAÁN

FILISTEA

Siquem

Jericó

AMÓN

Jerusalén

Mte. Nebo

Río Jordán

Gaza

Hebrón

Dibón

Mar Muerto

Beerseba

MOAB

Ramsés

AMALEC

NEGUEV

¿Sucot?

Lago Balla

DESIERTO DE ZIN

EDOM

Lago Timsah

Jebel Helal

Cades-barnea

¿Pitón?

DESIERTO DE SHUR

Punón

On

Gran Lago Amargo

DESIERTO DE PARÁN

Pirámides

Pequeño Lago Amargo

Menfis

Jebel Sin Biser

¿Ezión-geber?

Elat

WADI RUM

Río Nilo

SINAÍ

¿Mara?

¿Elim?

DESIERTO DE SIN

¿Hazerot?

Jebal al-Lawz

EGIPTO

Golfo de Suez

Jebel Serbal

¿Refidim?

Golfo de Aqaba

MADIÁN

Jebel Musa

Mar Rojo

Ruta del norte

Ruta central

Ruta central alternativa

Ruta del sur

Ruta alternativa desde Jebel Musa

• Ciudad o pueblo ∴ Ruinas y sitios antiguos

▲ Monte ◭ Posible ubicación del monte Sinaí

0 20 40 mi

0 20 40 60 km

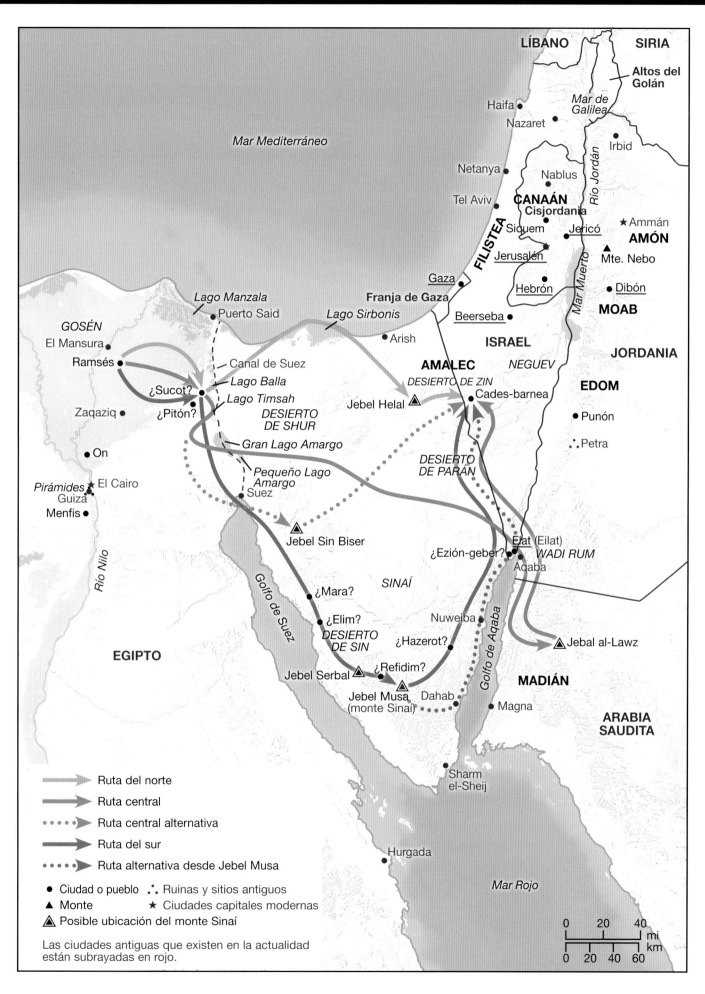

LÍBANO

SIRIA

Altos del Golán

Mar de Galilea

Haifa

Nazaret

Irbid

Mar Mediterráneo

Netanya

Nablus

Río Jordán

Tel Aviv

CANAÁN
Cisjordania

Siquem

Jericó

★ Ammán

AMÓN

Jerusalén

▲ Mte. Nebo

Gaza

Hebrón

Mar Muerto

• Dibón

Franja de Gaza

MOAB

Lago Manzala

Puerto Said

Beerseba

Lago Sirbonis

ISRAEL

GOSÉN

Arish

NEGUEV

El Mansura

JORDANIA

Ramsés

Canal de Suez

AMALEC

DESIERTO DE ZIN

Cades-barnea

EDOM

¿Sucot?

Lago Balla

Lago Timsah

Jebel Helal ▲

• Punón

Zaqaziq •

¿Pitón?

DESIERTO DE SHUR

∴ Petra

Gran Lago Amargo

• On

DESIERTO DE PARÁN

Pirámides ★ El Cairo

Pequeño Lago Amargo

Guiza

Suez

Menfis •

Elat (Eilat)

¿Ezión-geber?

WADI RUM

Jebel Sin Biser ▲

Aqaba

Río Nilo

Golfo de Suez

¿Mara?

SINAÍ

¿Elim?

Nuweiba

▲ Jebal al-Lawz

EGIPTO

DESIERTO DE SIN

¿Hazerot?

Golfo de Aqaba

Jebel Serbal ▲

¿Refidim?

MADIÁN

Jebel Musa
(monte Sinaí)

Dahab

• Magna

ARABIA SAUDITA

Sharm el-Sheij

Hurgada

Mar Rojo

Ruta del norte

Ruta central

Ruta central alternativa

Ruta del sur

Ruta alternativa desde Jebel Musa

• Ciudad o pueblo   ∴ Ruinas y sitios antiguos

▲ Monte   ★ Ciudades capitales modernas

△ Posible ubicación del monte Sinaí

Las ciudades antiguas que existen en la actualidad
están subrayadas en rojo.

0   20   40
mi

0   20   40   60
km

Rutas del Éxodo

La ruta del Éxodo desde Egipto hasta el Sinaí se encuentra detallada en Éxodo 12:37–19:2 y Números 33:1-15. No obstante, muchos de los lugares que se mencionan son sitios desérticos, lo cual dificulta, e incluso hace imposible, su identificación tanto en un contexto antiguo como moderno. Los eruditos hicieron lo mejor que pudieron para unir la información que se encuentra en la Biblia con los sitios arqueológicos, y propusieron tres opciones principales.

➤ La ruta del norte

Los israelitas se dirigieron hacia el norte, con el monte Sinaí en el área noroccidental de la península del Sinaí en Jebel Helal. Sin embargo, esta perspectiva no toma en cuenta que las Escrituras dicen que Dios guio a los israelitas por un camino que estaba lejos de los filisteos, quienes estaban ubicados junto a la costa del Mediterráneo (Éxodo 13:17-18). También es inconsistente con el viaje de once días que se menciona en Deuteronomio 1:2.

➤ La ruta central

Los israelitas tomaron una ruta más central cruzando por el medio de la península del Sinaí. Según esta perspectiva, el monte Sinaí está ubicado en Arabia/Madián en Jebal al-Lawz al este de la península de Sinaí o en Jebel Sin Biser en el Sinaí. Los problemas potenciales con esta perspectiva incluyen la severidad del camino (falta de agua) y la cantidad de tiempo que les hubiera llevado llegar al punto de cruce hacia Arabia.

➤ La ruta del sur

Los israelitas salieron de Gosén y se dirigieron hacia el sur a través de la península de Sinaí. Tradicionalmente, el monte Sinaí es ubicado cerca del extremo sur de la península en Jebel Musa, aunque algunos sugieren que está un poco más al norte cerca del desierto de Sin en Jebel Serbal.

¿Dónde estaba el «mar Rojo»?

Tradicionalmente, se dice que los israelitas cruzaron el «mar Rojo» cuando huyeron de Egipto (Éxodo 13:18). Esto se basa en la traducción griega de la frase hebrea *yam suf*. Pero ¿es eso lo que realmente dice el hebreo? La palabra hebrea *yam* se puede usar para referirse a cualquier cuerpo grande de agua tal como un mar o incluso un lago. *Suf* en hebreo es en realidad una palabra para referirse a «junco», no a «rojo». Se usa este mismo término para describir el lugar donde el canasto de Moisés fue colocado en el Nilo (Éxodo 2:3, 5). En base al uso que se hace de esta palabra en el Antiguo Testamento, una traducción más acertada de la frase *yam suf* sería «mar de junco» o «mar de juncos»

La pregunta más apremiante es ¿dónde estaba localizado este mar? La ruta tradicional del sur lo sitúa al final del mar Rojo/golfo de Suez. Además, la lista detallada de lugares en donde los israelitas acamparon dice que después de cruzar el *yam suf* acamparon en Mara, luego en Elim, y luego acamparon al lado del *yam suf* de nuevo (Números 33:8-10). Si ellos acamparon al lado del mismo cuerpo de agua de nuevo, tendría que ser un cuerpo de agua bastante grande, no un lago pequeño.

Otras ubicaciones sugeridas para *yam suf* incluyen el lago Balla, el lago Timsah, el Gran Lago Amargo, y el Pequeño Lago Amargo. Debido a la construcción del canal de Suez, entre el golfo de Suez y el mar Mediterráneo, el área cambió bastante, lo cual dificulta determinar la ubicación de los lugares antiguos en la actualidad.

Cualquiera haya sido el cuerpo de agua, las Escrituras son claras respecto a que Dios milagrosamente permitió que los israelitas cruzaran a través del agua sobre tierra seca mientras destruía al ejército con las aguas colapsándose sobre ellos.

El tabernáculo

El tabernáculo era una carpa de reunión que Dios les ordenó a Moisés y a los israelitas que construyeran (Éxodo 25-27, 30). Construyeron el tabernáculo en el monte Sinaí y lo llevaban con ellos mientras viajaban a través del desierto. Este santuario revelaba el deseo de Dios de habitar en medio de su pueblo (Éxodo 25:8). Era el lugar donde el Dios del cielo se reunía con su pueblo de la tierra.

El tabernáculo siempre estaba situado en el centro del campamento israelita, y las familias de los levitas y las tribus acampaban alrededor de él, tres tribus a cada lado. En el atrio estaba el altar de las ofrendas quemadas —donde los sacerdotes ofrecían sacrificios— y el lavamanos, donde los sacerdotes se lavaban. El Lugar Santo contenía tres objetos: un candelabro de siete ramas que proveía luz, una mesa con doce panes que representaban las doce tribus de Israel, y un pequeño altar donde se quemaba el incienso. El Lugar Santísimo contenía el objeto más sagrado: el arca del pacto.

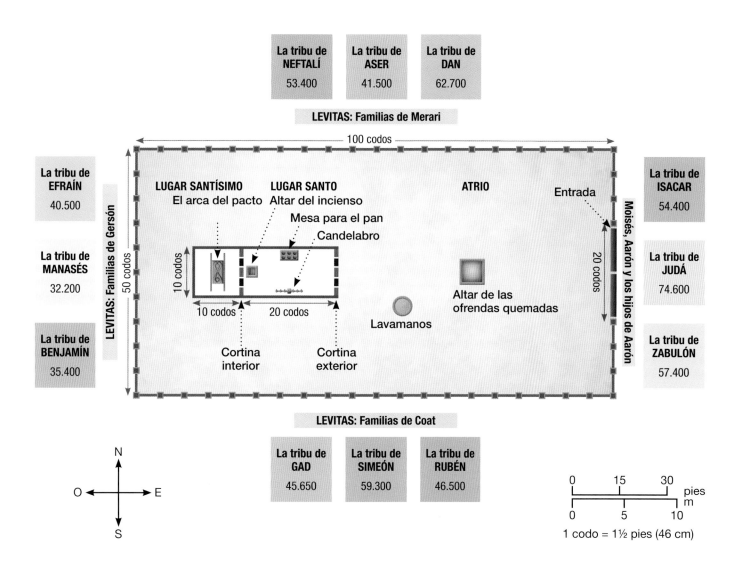

Los números que se muestran aquí son los números de los varones de cada tribu que tenían veinte o más años de edad cuando se hizo el primer censo (Números 1-3). Las descripciones del tabernáculo aparecen en la Biblia, pero deben ser interpretadas por cada uno de los artistas; no habrá dos ilustraciones que se vean exactamente iguales. No todos los objetos son dibujados a escala.

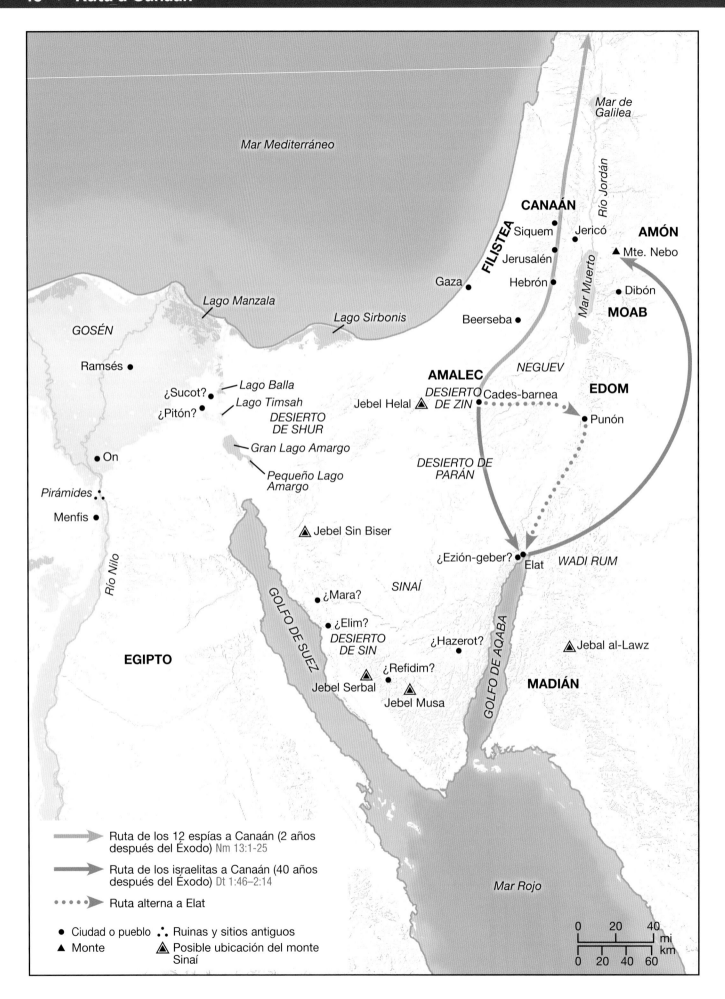

Mar Mediterráneo

Mar de Galilea

CANAÁN

Río Jordán

Siquem
Jericó
AMÓN
▲ Mte. Nebo

FILISTEA

Jerusalén

Mar Muerto

• Dibón

Gaza
Hebrón
MOAB

Lago Manzala

Lago Sirbonis

Beerseba •

GOSÉN

NEGUEV

AMALEC
EDOM

Ramsés •

DESIERTO
Cades-barnea

¿Sucot? •
Lago Balla
Jebel Helal ▲ *DE ZIN* •

¿Pitón? •
Lago Timsah
DESIERTO
DE SHUR
• Punón

On •
Gran Lago Amargo

Pirámides ∴
Pequeño Lago
Amargo
DESIERTO DE
PARÁN

Menfis •

△ Jebel Sin Biser

Río Nilo

¿Ezión-geber? •
Elat
WADI RUM

SINAÍ

¿Mara? •

GOLFO DE SUEZ

¿Elim? •
DESIERTO
DE SIN
¿Hazerot? •

EGIPTO
△ Jebal al-Lawz

¿Refidim? •
GOLFO DE AQABA

△ Jebel Serbal
△
Jebel Musa
MADIÁN

➤ Ruta de los 12 espías a Canaán (2 años
después del Éxodo) Nm 13:1-25

➤ Ruta de los israelitas a Canaán (40 años
después del Éxodo) Dt 1:46–2:14

••••➤ Ruta alterna a Elat

• Ciudad o pueblo ∴ Ruinas y sitios antiguos

▲ Monte △ Posible ubicación del monte
Sinaí

Mar Rojo

0   20   40
mi
km
0 20 40 60

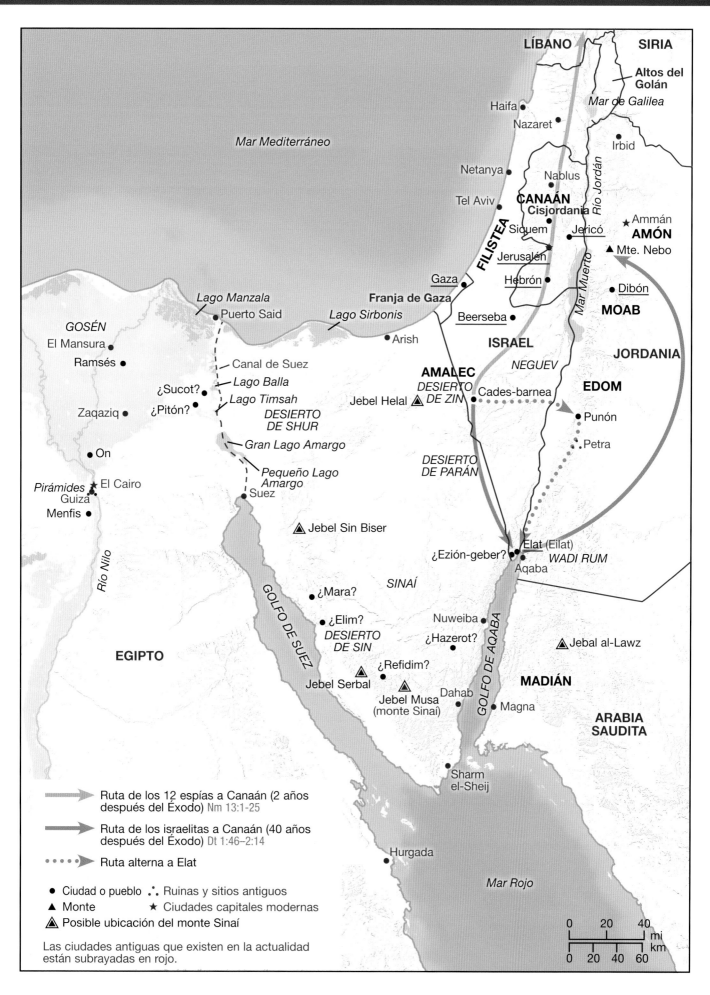

LÍBANO

SIRIA

Altos del Golán

Haifa

Nazaret

Irbid

Mar de Galilea

Mar Mediterráneo

Netanya

Nablus

Tel Aviv

CANAÁN
Cisjordania

Siquem

Jericó

AMÓN

Ammán ★

Jerusalén

▲ Mte. Nebo

Río Jordán

Lago Manzala

Puerto Said

Lago Sirbonis

Gaza

Hebrón

Dibón

Franja de Gaza

MOAB

GOSÉN

El Mansura

Beerseba

Arish

ISRAEL

JORDANIA

Ramsés

Canal de Suez

NEGUEV

AMALEC

¿Sucot?

Lago Balla

DESIERTO
DE ZIN

Cades-barnea

EDOM

Zaqaziq

¿Pitón?

Lago Timsah

Jebel Helal ▲

Punón

On

DESIERTO
DE SHUR

Petra

Pirámides
Guiza

El Cairo

Gran Lago Amargo

DESIERTO
DE PARÁN

Menfis

Pequeño Lago
Amargo

Suez

Río Nilo

Jebel Sin Biser ▲

Elat (Eilat)

¿Ezión-geber?

WADI RUM

Aqaba

SINAÍ

¿Mara?

EGIPTO

GOLFO DE SUEZ

¿Elim?

Nuweiba

¿Hazerot?

DESIERTO
DE SIN

Jebal al-Lawz ▲

¿Refidim?

GOLFO DE AQABA

Jebel Serbal ▲

MADIÁN

Jebel Musa ▲
(monte Sinaí)

Dahab

Magna

ARABIA
SAUDITA

Ruta de los 12 espías a Canaán (2 años
después del Éxodo) Nm 13:1-25

Ruta de los israelitas a Canaán (40 años
después del Éxodo) Dt 1:46–2:14

Ruta alterna a Elat

Sharm
el-Sheij

● Ciudad o pueblo ∴ Ruinas y sitios antiguos

Hurgada

▲ Monte ★ Ciudades capitales modernas

Mar Rojo

▲ Posible ubicación del monte Sinaí

Las ciudades antiguas que existen en la actualidad
están subrayadas en rojo.

0   20   40
mi
km
0   20   40   60

Arca del pacto

Dios ordena a los israelitas que hagan el arca del pacto en el monte Sinaí, junto con el tabernáculo (Éxodo 25:10–22). El arca fue hecha con madera de acacia y cubierta con oro, y estaba sola en el Lugar Santísimo, el lugar más sagrado del tabernáculo. La tapa del arca, llamada el propiciatorio, estaba cubierta por dos querubines de oro enfrentados con sus alas extendidas sobre el arca. Sobre el propiciatorio descansaba la presencia de Dios. Una vez al año, en el Día del Perdón, el sumo sacerdote entraba al Lugar Santísimo y rociaba el propiciatorio con sangre para expiar los pecados de los israelitas (Levítico 16:15–17). Este acto simbólico anunciaba el sacrificio de Jesús en la cruz, el cual hace expiación por los pecados de todas las personas de una vez y para siempre (Hebreos 9:12).

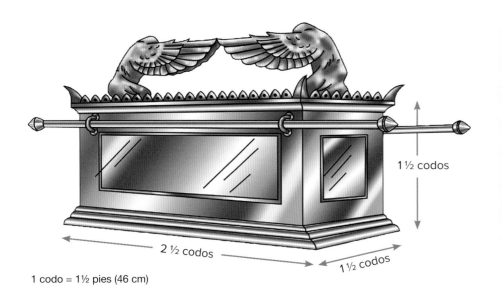

1 ½ codos

2 ½ codos

1 ½ codos

1 codo = 1½ pies (46 cm)

DENTRO DEL ARCA

Las tablas de piedra de los diez mandamientos
Deuteronomio 10:5

La vasija con maná
Éxodo 16:32-34

La vara de Aarón
Números 17:10

UBICACIONES DEL ARCA

El arca del pacto fue:

- Hecha en el monte Sinaí (Éxodo 19:2).

- Llevada a través del río Jordán hacia Canaán (Josué 3:14-17).

- Cargada sobre los hombros alrededor de los muros de Jericó (Josué 6:6-7).

- Cuidada en el tabernáculo en Silo (Josué 18:1).

- Capturada por los filisteos por un corto tiempo (1 Samuel 4:10-11).

- Traída a Jerusalén por el rey David (2 Samuel 6:16-17).

- Colocada en el templo por el rey Salomón (1 Reyes 8:6).

- Traída de nuevo al templo por Josías después de un periodo de idolatría en Israel (2 Crónicas 35:3).

- Posiblemente destruida cuando los babilonios destruyeron el templo (2 Reyes 25:13-17).

- Mencionada por última vez en la Biblia por el apóstol Juan (Apocalipsis 11:19).

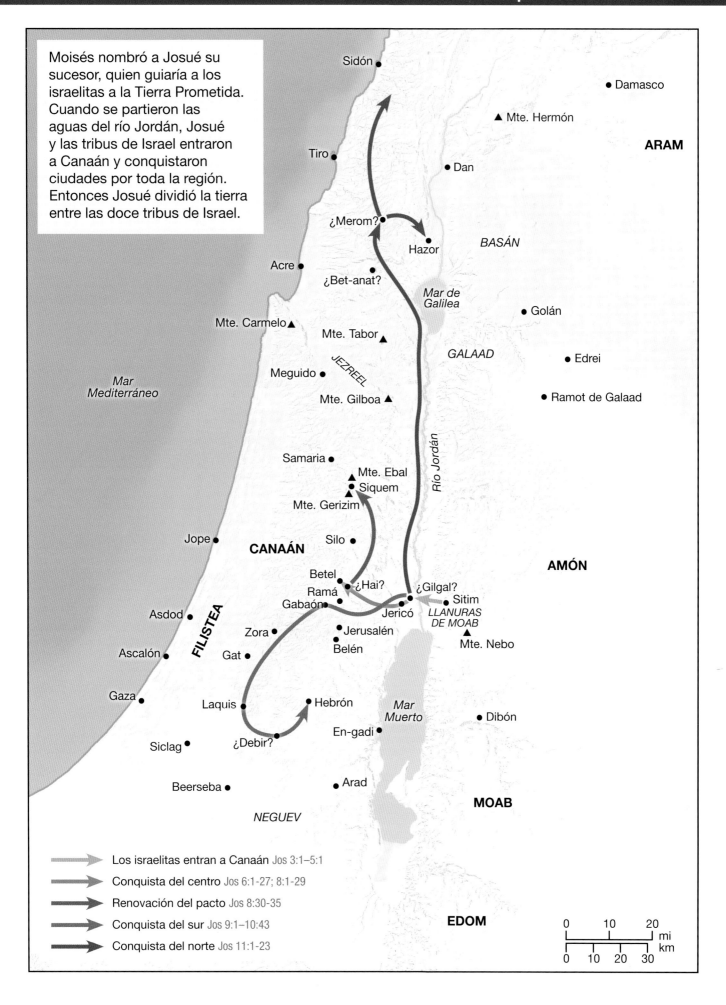

Moisés nombró a Josué su sucesor, quien guiaría a los israelitas a la Tierra Prometida. Cuando se partieron las aguas del río Jordán, Josué y las tribus de Israel entraron a Canaán y conquistaron ciudades por toda la región. Entonces Josué dividió la tierra entre las doce tribus de Israel.

Sidón

Damasco

▲ Mte. Hermón

ARAM

Tiro

Dan

¿Merom?

BASÁN

Hazor

Acre

¿Bet-anat?

Mar de Galilea

Golán

Mte. Carmelo ▲

Mte. Tabor ▲

GALAAD

Edrei

JEZREEL

Meguido

Ramot de Galaad

Mar Mediterráneo

Mte. Gilboa ▲

Río Jordán

Samaria

Mte. Ebal ▲

▲ Siquem

Mte. Gerizim

Jope

Silo

CANAÁN

AMÓN

Betel

¿Hai?

¿Gilgal?

Ramá

Sitim

Gabaón

Jericó

LLANURAS DE MOAB

Asdod

FILISTEA

Zora

Jerusalén

Ascalón

Gat

Belén

Mte. Nebo

Gaza

Laquis

Hebrón

Mar Muerto

Dibón

Siclag

¿Debir?

En-gadi

Beerseba

Arad

MOAB

NEGUEV

EDOM

Los israelitas entran a Canaán Jos 3:1–5:1

Conquista del centro Jos 6:1-27; 8:1-29

Renovación del pacto Jos 8:30-35

Conquista del sur Jos 9:1–10:43

Conquista del norte Jos 11:1-23

0   10   20   mi

0   10   20   30   km

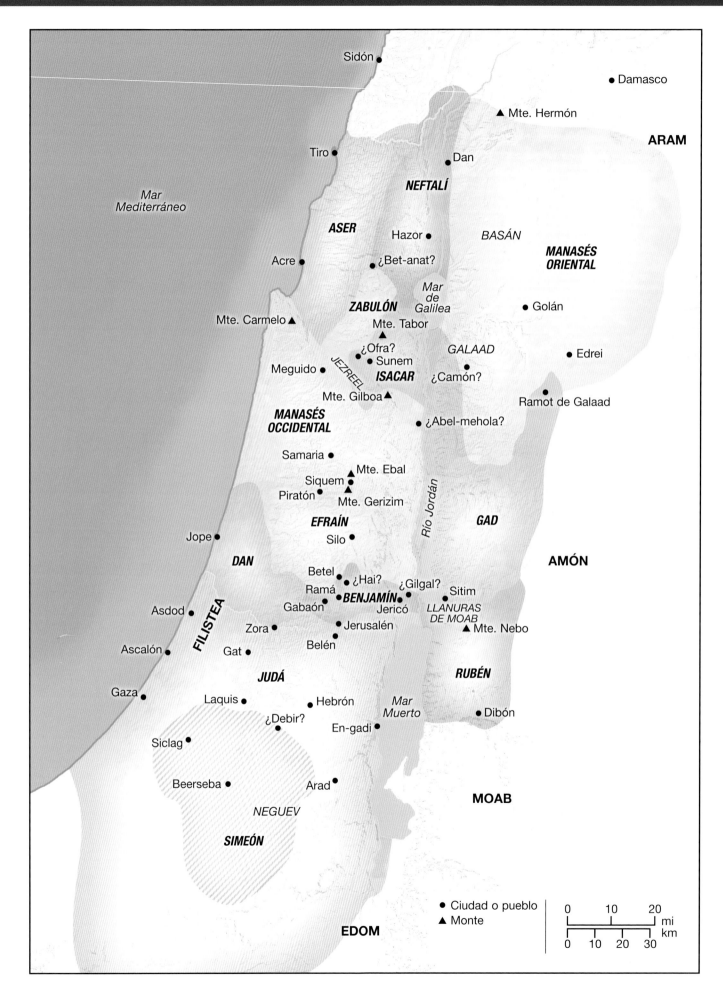

Sidón

Damasco

▲ Mte. Hermón

ARAM

Tiro

Dan

NEFTALÍ

Mar
Mediterráneo

ASER

Hazor

BASÁN

MANASÉS
ORIENTAL

Acre

¿Bet-anat?

Mar
de
Galilea

Golán

ZABULÓN

Mte. Carmelo ▲

Mte. Tabor
▲

GALAAD

Edrei

¿Ofra?

Sunem

Meguido

JEZREEL

ISACAR

¿Camón?

Mte. Gilboa ▲

Ramot de Galaad

MANASÉS
OCCIDENTAL

¿Abel-mehola?

Samaria

Mte. Ebal
▲

Siquem

Río Jordán

GAD

Piratón

Mte. Gerizim
▲

EFRAÍN

Jope

Silo

AMÓN

DAN

Betel

¿Hai?

¿Gilgal?

Ramá

Sitim

BENJAMÍN

Jericó

LLANURAS
DE MOAB

Asdod

Gabaón

Zora

Jerusalén

▲ Mte. Nebo

Ascalón

Gat

Belén

JUDÁ

RUBÉN

Gaza

Laquis

Hebrón

Mar
Muerto

Dibón

¿Debir?

En-gadi

Siclag

Beerseba

Arad

MOAB

NEGUEV

SIMEÓN

● Ciudad o pueblo
▲ Monte

EDOM

0   10   20
              mi
              km
0 10 20 30

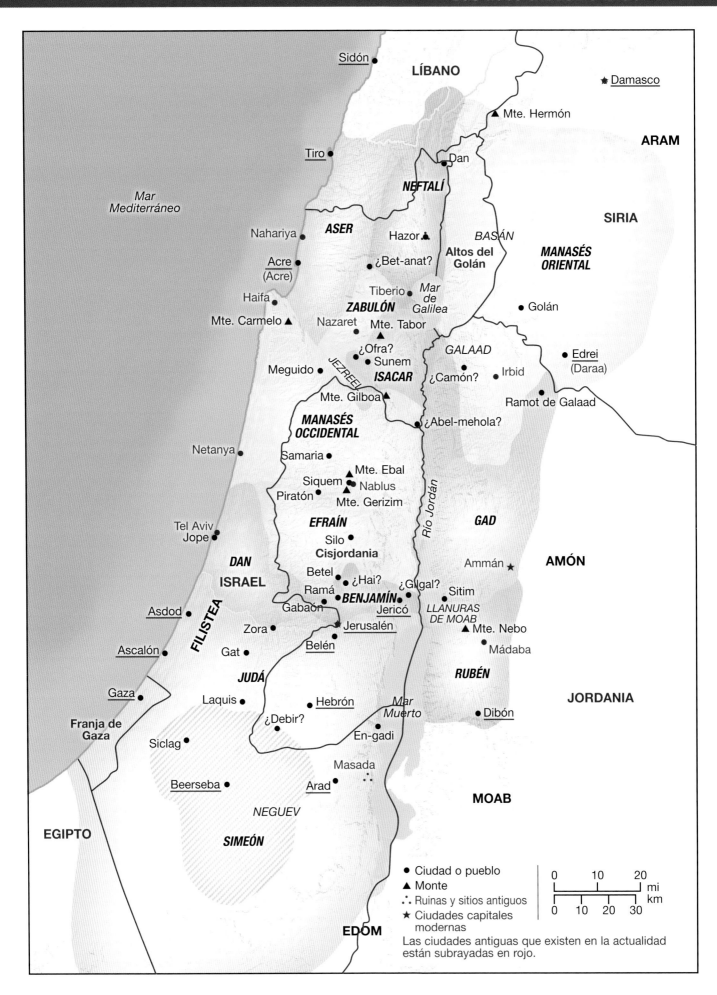

Sidón •

LÍBANO

★ Damasco

▲ Mte. Hermón

ARAM

Tiro •

• Dan

NEFTALÍ

Mar Mediterráneo

SIRIA

Nahariya • *ASER*

Hazor ⚔

¿Bet-anat? •

BASÁN

Altos del Golán

MANASÉS ORIENTAL

Acre • (Acre)

Haifa •

Tiberio •

Mar de Galilea

Mte. Carmelo ▲

ZABULÓN

Nazaret •

Mte. Tabor ▲

• Golán

¿Ofra? •

GALAAD

• Edrei (Daraa)

Meguido • *JEZREEL*

• Sunem

ISACAR

¿Camón? •

Irbid •

Mte. Gilboa ▲

¿Abel-mehola? •

Ramot de Galaad •

MANASÉS OCCIDENTAL

Netanya •

Samaria •

Mte. Ebal ▲

Siquem ▲ • Nablus

Piratón •

Mte. Gerizim

Río Jordán

GAD

Tel Aviv Jope •

EFRAÍN

Silo •

Cisjordania

Ammán ★

AMÓN

DAN

ISRAEL

Betel •

¿Hai? •

¿Gilgal? •

Ramá •

BENJAMÍN

Sitim •

Gabaón •

Jericó •

LLANURAS DE MOAB

Asdod •

Zora •

Jerusalén •

Ascalón •

Gat •

Belén •

▲ Mte. Nebo

Mádaba •

FILISTEA

JUDÁ

RUBÉN

JORDANIA

Gaza •

Laquis •

Hebrón •

Mar Muerto

Dibón •

Franja de Gaza

¿Debir? •

En-gadi •

Siclag •

Masada ∴

Beerseba •

Arad •

MOAB

EGIPTO

NEGUEV

SIMEÓN

• Ciudad o pueblo
▲ Monte
∴ Ruinas y sitios antiguos
★ Ciudades capitales modernas

0   10   20
|—|—|—| mi
|—|—|—|—| km
0 10 20 30

Las ciudades antiguas que existen en la actualidad están subrayadas en rojo.

EDOM

RUBÉN
«¡Vean, un hijo!»

Símbolo: Agua (Gn 49:3-4)

Ubicación: Fuera de la tierra prometida, al este del mar Muerto en tierra ricas en pasturas ideales para la enorme cantidad de animales que poseía (Nm 32:1).

Para notar: Incluía el monte Nebo desde donde Moisés había contemplado la tierra prometida.

SIMEÓN
«El Señor oyó»

Símbolo: Puerta (Gn 34:24-25)

Ubicación: Enclave de tierra dentro del territorio de Judá.

Para notar: Eran pastores que migraban en busca de tierra de pasturas, posiblemente en cumplimiento de la profecía de Jacob quien dijo que Simeón sería esparcido (Gn 49:5-7).

JUDÁ
«Alabanza»

Símbolo: León (Gn 49:9-10)

Ubicación: Porción grande de tierra, la cual incluía ciudades importantes tales como Jerusalén, Belén y Hebrón.

Para notar: Jesús era descendiente de Judá, del linaje del rey David (Mt 1).

DAN
«Juez»

Símbolo: Serpiente o balanza de la justicia (Gn 49:16-17)

Ubicación: Incluye la ciudad portuaria de Jope.

Para notar: Dan no conquistó a los filisteos, por lo tanto, emigró al norte del mar de Galilea (Jc 18).

NEFTALÍ
«Mi lucha»

Símbolo: Ciervo o cervatillo (Gn 49:21)

Ubicación: Alta Galilea, incluía la ciudad de Hazor.

Para notar: Jesús comenzó su ministerio en Galilea, cumpliendo así la profecía de Isaías (Is 9:1-2; Mt 4:13-22).

GAD
«Buena suerte»
o «guerrero»

Símbolo: Tiendas, como un campamento de batalla (Gn 49:19)

Ubicación: La tierra fértil fuera de la tierra prometida, junto al río Jordán.

Para notar: Descritos como guerreros valientes en 1 Crónicas 12:8.

ASER
«Alegría»

Símbolo: Árbol o comida (Gn 49:20)

Ubicación: Región costera del norte.

Para notar: Para el tiempo de David, es posible que la tribu haya perdido su influencia, porque no se la menciona en la lista de los principales gobernantes de David (1 Cr 27).

ISACAR
«Hay recompensa»

Símbolo: Burro (Gn 49:14)

Ubicación: Cerca del mar de Galilea e incluía el valle fértil de Jezreel.

Para notar: Durante el tiempo de David, eran conocidos por su sabiduría y por entender las señales de los tiempos (1 Cr 12:32).

ZABULÓN
«Morada»

Símbolo: Barco (Gn 49:13)

Ubicación: Baja Galilea.

Para notar: Reconocidos en diferentes momentos por su valor, lealtad y humildad (Jc 5:18; 1 Cr 12:33; 2 Cr 30:11).

MANASÉS
«El que hace olvidar»

Símbolo: Rama (Gn 49:22)

Ubicación: Dos territorios grandes, al este y al oeste.

Para notar: Llamado Manasés porque Dios hizo que José se olvidara de todas sus adversidades (Gn 41:51). La Biblia se refiere a los que se ubicaron al este como la media tribu de Manasés.

EFRAÍN
«Doblemente fructífero»

Símbolo: Buey (Dt 33:17)

Ubicación: Territorio del centro.

Para notar: Recibió el nombre Efraín porque Dios hizo a José muy fructífero (Gn 41:52). La bendición de Jacob indicaba que Efraín sería más grande que Manasés el primogénito (Gn 48:17-20).

BENJAMÍN
«Hijo de mi mano derecha»

Símbolo: Lobo (Gn 49:27)

Ubicación: Al norte de Jerusalén, una posición estratégica en la antigua Israel.

Para notar: En la era de los jueces, la tribu de Benjamín casi fue eliminada debido a una guerra civil (Jc 20).

Los descendientes de los hijos tride José, Manasés y Efraín, fueron reconocidos como dos tribus y recibieron sus propios territorios. La tribu sacerdotal de Leví recibió cuarenta y ocho ciudades en toda la tierra prometida, en las cuales servirían como ministros de la ley. Los símbolos de las tribus están basados en la tradición y la mayoría reflejan las bendiciones de Jacob de Génesis 49. Los eruditos de la Biblia difieren respecto a las fechas, significados de los nombres, y las ubicaciones exactas de las tribus. En lo que respecta a nosotros, hemos tratado de asegurarnos de que el material presentado aquí sea consistente con las interpretaciones ampliamente aceptadas entre los eruditos bíblicos.

JUEZ Y SIGNIFICADO DEL NOMBRE	ESCRITURA	UBICACIÓN	ENEMIGO	AÑOS DE OPRESIÓN	AÑOS DE PAZ
OTONIEL *León de Dios*	Jc 1:12-14; 3:7-11	Posiblemente Debir	Mesopotámicos	8	40
AOD *Fuerte*	Jc 3:12-30	Gilgal	Moabitas	18	80
SAMGAR *Copero*	Jc 3:31	Posiblemente Bet-anat	Filisteos	Desconocido	Desconocido
DÉBORA *Abeja*	Jc 4:1–5:31	Entre Betel y Ramá	Cananeos	20	40
GEDEÓN *Talador*	Jc 6:1–8:32	Ofra	Madianitas	7	40
TOLA *Escarlata*	Jc 10:1-2	Samir	Desconocido	Desconocido	23
JAIR *El Señor aclara*	Jc 10:3-5	Camón en Galaad	Desconocido	Desconocido	22
JEFTÉ *Él abre*	Jc 10:6–12:7	Galaad	Filisteos y amonitas	18	6
IBZÁN *Espléndido*	Jc 12:8-10	Belén	Desconocido	Desconocido	7
ELÓN *Roble*	Jc 12:11-12	Zabulón	Desconocido	Desconocido	10
ABDÓN *Servicio*	Jc 12:13-15	Piratón	Desconocido	Desconocido	8
SANSÓN *Distinguido o Sol*	Jc 13:1–16:31	Zora	Filisteos	40	20
ELÍ *Exaltado es el Señor*	1 Sm 1:1–4:18	Silo	Contienda familiar	Desconocido	40
SAMUEL *Dios escucha*	1 Sm 1; 3; 7–13; 15–16; 25:1; 28	Ramá	Contienda nacional	Desconocido	Posiblemente 40

«Años de opresión» se refiere a los tiempos en que Dios permitió que Israel fuera dominado por sus enemigos. «Años de paz» se refiere a los tiempos en que Dios levantaba un juez para que liberara a su pueblo de la opresión. Las historias de los jueces suceden en diferentes lugares y los periodos de tiempo en que ocurren posiblemente se superponen, lo cual hace que la cronología del libro de los Jueces sea difícil de precisar. Aunque no se mencionan en el libro de los Jueces, Elí y Samuel con frecuencia son considerados como los últimos jueces antes de la era de los reyes (1 Sm 4:18; 7:17).

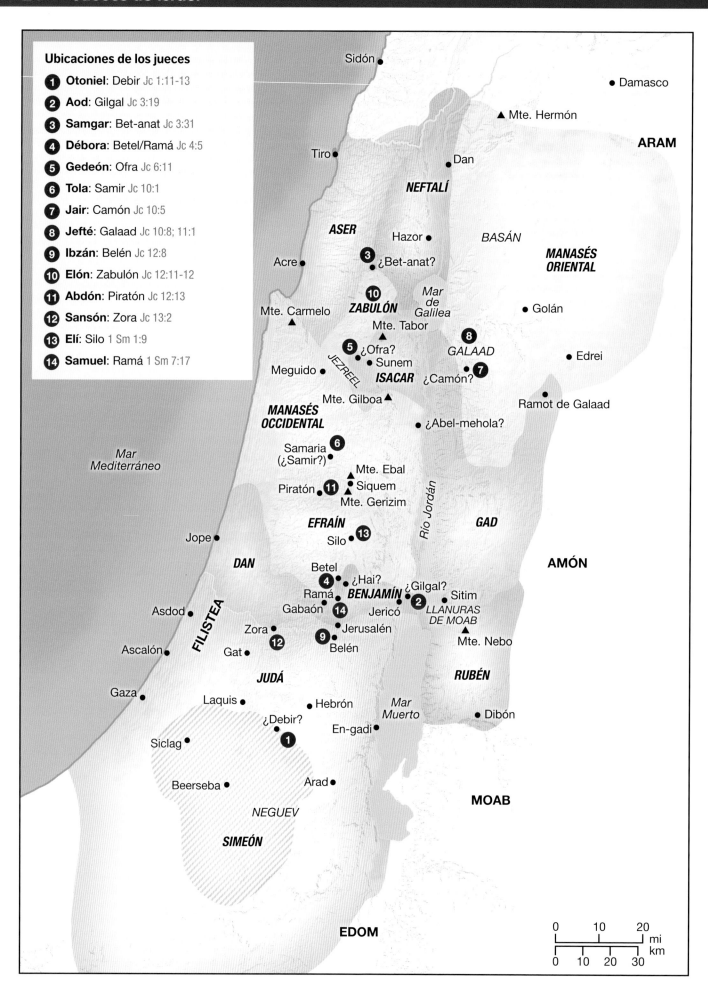

Ubicaciones de los jueces

1. **Otoniel**: Debir Jc 1:11-13
2. **Aod**: Gilgal Jc 3:19
3. **Samgar**: Bet-anat Jc 3:31
4. **Débora**: Betel/Ramá Jc 4:5
5. **Gedeón**: Ofra Jc 6:11
6. **Tola**: Samir Jc 10:1
7. **Jair**: Camón Jc 10:5
8. **Jefté**: Galaad Jc 10:8; 11:1
9. **Ibzán**: Belén Jc 12:8
10. **Elón**: Zabulón Jc 12:11-12
11. **Abdón**: Piratón Jc 12:13
12. **Sansón**: Zora Jc 13:2
13. **Elí**: Silo 1 Sm 1:9
14. **Samuel**: Ramá 1 Sm 7:17

Sidón

Damasco

▲ Mte. Hermón

ARAM

Tiro

Dan

NEFTALÍ

ASER

Hazor

BASÁN

MANASÉS ORIENTAL

Acre

3 ¿Bet-anat?

Mte. Carmelo ▲

10 ZABULÓN

Mar de Galilea

Golán

Mte. Tabor ▲

5 ¿Ofra?

8 GALAAD

Edrei

Sunem

7 ¿Camón?

Meguido

JEZREEL

ISACAR

Mte. Gilboa ▲

Ramot de Galaad

MANASÉS OCCIDENTAL

¿Abel-mehola?

Mar Mediterráneo

Samaria (¿Samir?) 6

Mte. Ebal ▲

Piratón 11 • Siquem

Mte. Gerizim ▲

EFRAÍN

Río Jordán

GAD

Jope

Silo 13

DAN

Betel

4 ¿Hai?

¿Gilgal?

AMÓN

Ramá

BENJAMÍN

2 Sitim

Gabaón 14

Jericó

LLANURAS DE MOAB

Asdod

Zora

Jerusalén

12

9 Belén

Mte. Nebo ▲

Ascalón

Gat

JUDÁ

RUBÉN

Gaza

Laquis

Hebrón

Mar Muerto

Dibón

¿Debir?

En-gadi

1

Siclag

Beerseba

Arad

MOAB

NEGUEV

SIMEÓN

EDOM

0	10	20
		mi
		km
0	10	20	30

La historia de Sansón

Sansón fue un juez de Israel a quien Dios escogió para rescatar a los israelitas de los filisteos (Jueces 13:1–16:31). Sansón era nazareo, lo cual significa que hizo un voto de consagración a Dios. Sansón quebró las condiciones de su voto muchas veces (tocando un cuerpo muerto, cortando su cabello), y a menudo ponía sus propios deseos por encima del servicio a Dios. No obstante, aun así Dios usó a Sansón para derrotar a los filisteos en múltiples ocasiones. En su último y más poderoso acto, Sansón derrumbó un templo de los filisteos con sus propias manos y mató a miles de filisteos, incluyendo gobernantes importantes y a él mismo. Sansón lideró a los israelitas durante veinte años antes de su muerte.

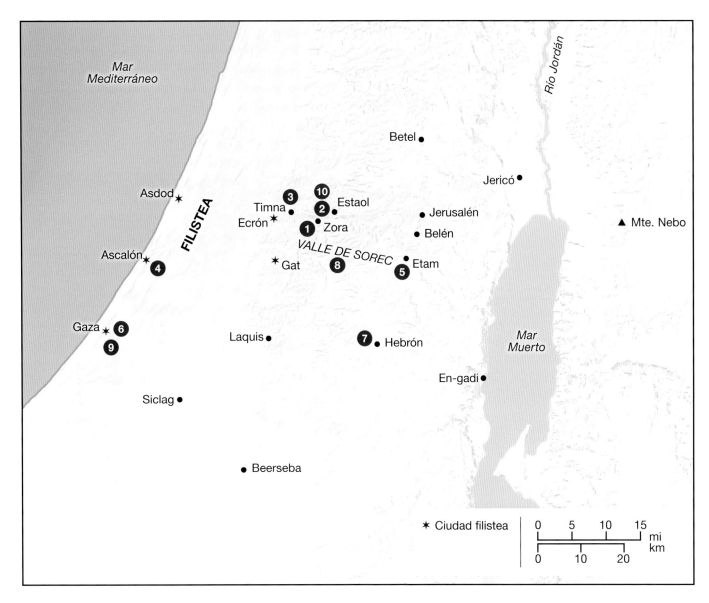

1. Sansón nace en Zora. Jc 13:2

2. El Espíritu del Señor se manifiesta en Sansón entre Zora y Estaol. Jc 13:25

3. Sansón se casa con una mujer filistea en Timna. Jc 14:1

4. Sansón mata a treinta filisteos en Ascalón. Jc 14:19

5. Sansón se esconde de los filisteos en Etam. Jc 15:8

6. Sansón visita a una prostituta en Gaza. Jc 16:1

7. Sansón se lleva las puertas de Gaza a una colina frente a Hebrón. Jc 16:3

8. Sansón se reúne con Dalila en el valle de Sorec. Jc 16:4

9. Sansón es llevado prisionero y muere con los filisteos en Gaza. Jc 16:21, 30

10. Sansón es sepultado entre Zora y Estaol. Jc 16:31

La historia de Rut

Durante la era de los jueces, un israelita llamado Elimelec, su esposa Noemí y sus hijos, Mahlón y Quelión, se trasladaron desde Belén a Moab para escapar de la hambruna. No se conoce la ruta exacta por la cual viajaron, pero el mapa que se muestra aquí provee dos opciones:

🌱 Una ruta por el norte que los lleva a través del río Jordán y a través de las llanuras de Moab, una ruta similar (pero en reversa) a la que Josué habría tomado muchos años antes para entrar a la tierra prometida.

🌱 Una ruta por el sur a través de las partes poco profundas del mar Muerto.

En Moab, Mahlón y Quelión se casaron con mujeres moabitas, Orfa y Rut. Luego Elimelec, Mahlón y Quelión murieron, dejando a las tres mujeres viudas y desamparadas. Orfa regresó con su familia, pero Rut permaneció con Noemí. Juntas, regresaron a Belén. Booz, un ciudadano prominente de Belén y pariente de Noemí, actúo como «redentor» (Rut 2:20) y se casó con Rut. Su hijo, Obed, es parte del linaje del rey David y finalmente de Jesús el Mesías. La historia de Rut revela la provisión y el cuidado de Dios para con su pueblo, así como Booz le muestra compasión, lealtada y fidelidad a Rut.

NOMBRES EN EL LIBRO DE RUT

Belén significa «casa de pan», la cual Noemí y su familia abandonan debido a una hambruna. Noemí significa «agradable», pero después de sufrir la pérdida de su esposo e hijos, se cambia el nombre por Mara, que significa «amargura». Los dos hijos de Noemí que fallecen en Moab se llamaban Mahlón y Quelión, los cuales significan «enfermizo» y «débil». Rut significa «amiga» o «compañera». Booz posiblemente significa «alegre» o «fortaleza».

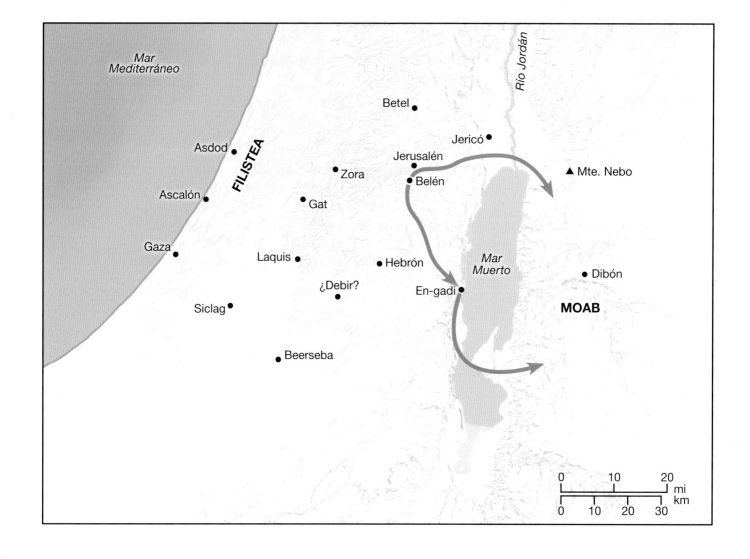

La Jerusalén de David y de Salomón

Según la evidencia histórica, tanto de la Biblia como de otras fuentes, el templo fue construido en el lugar donde el rey David edificó un altar para el Señor. David había comprado la tierra a Arauna el jebuseo, quien estaba usando un lecho de roca como campo de trillar (2 Samuel 24:18-25). La tradición judía afirma que el sitio se encuentra en un lugar sagrado mucho más antiguo, asociándolo con el altar de Abraham en el monte Moriah (Génesis 22:1-19). El escritor del Génesis equipara a Moriah con «el monte del Señor».

Los Cananeos Ciudad de Jebús

La Jerusalén del rey David (c. 1000 a. C.)

Jebús, una ciudad cananea de apenas doce acres (cinco hectáreas) de tamaño, podía defenderse de los ataques con murallas encima de desfiladeros empinados y canales que llegaban a una fuente de agua subterránea. David capturó la fortaleza, c. 1000 a. C., y la hizo su capital.

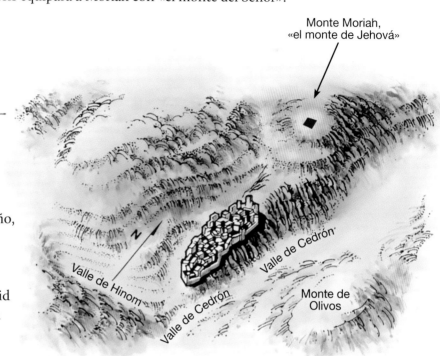

Monte Moriah, «el monte de Jehová»

Valle de Hinom

Valle de Cedrón

Valle de Cedrón

Monte de Olivos

La Jerusalén del rey Salomón (c. 950 a. C.)

Salomón extendió la ciudad hacia el norte a partir del sitio original y allí construyó su templo magnificente. Su residencia real estaba cerca; sin embargo, su arquitectura y ubicación se desconocen.

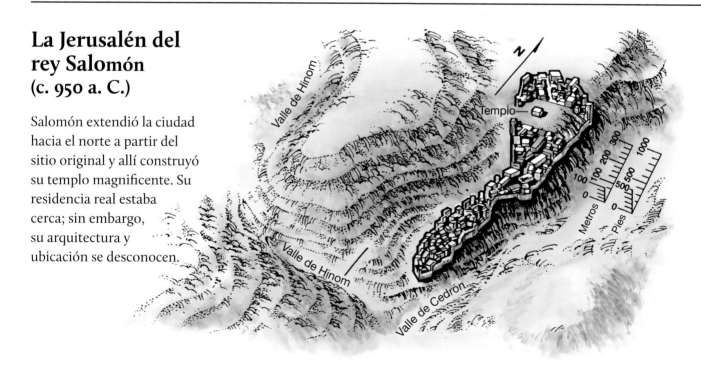

Valle de Hinom

Valle de Hinom

Templo

Valle de Cedrón

Metros

Pies

Jerusalén se muestra desde arriba y desde un ángulo; y por lo tanto las formas de los muros se ven diferentes a las de los mapas planos. Las ubicaciones de los muros fueron determinadas a partir de evidencia arqueológica limitada; las casas representan el concepto del artista.

David: De pastor a rey

1 David es ungido por Samuel en Belén. 1 Sm 16:1, 13

2 David mata a Goliat en el valle de Ela. 1 Sm 17:2

David vive como un fugitivo de Saúl. Ubicaciones claves incluyen:

3 Nob 1 Sm 21:1

4 Gat 1 Sm 21:10

5 Moab 1 Sm 22:3

6 «La fortaleza» (quizás Masada) 1 Sm 22:4

7 En-gadi 1 Sm 23:29

8 Siclag 1 Sm 27:6

9 Saúl muere en batalla en el monte Gilboa. 1 Sm 31:1, 8

10 En Hebrón, David es hecho rey de Judá y después rey de Israel. 2 Sm 2:4; 5:3

11 David hace de Jerusalén su capital. 2 Sm 5:6-9

Sidón
Damasco
Mte. Hermón
ARAM
Tiro
Dan
BASÁN
Hazor
Acre
Mar de Galilea
Golán
GALAAD
Mte. Carmelo
Mte. Tabor
Edrei
Meguido
JEZREEL
Sunem
Ramot de Galaad
Mte. Gilboa **9**
Samaria
Mte. Ebal
Siquem
Mte. Gerizim
Río Jordán
AMÓN
Mar Mediterráneo
Jope
Silo
Rabá
Betel
¿Gilgal?
Gezer
Gabaón
Ramá
Asdod
3
Jericó
Nob
11
Jerusalén
Ascalón
Gat
VALLE DE ELA
1 Belén
Mte. Nebo
4
2
Gaza
Laquis
10 Hebrón
Mar Muerto
Dibón
7
En-gadi
Siclag **8**
6
¿«Fortaleza»? ■
Beerseba
5 MOAB
NEGUEV
EDOM
FILISTEA

0 10 20 mi
0 10 20 30 km

El templo

Una vez que Israel estuvo en paz en la Tierra Prometida, el rey David comenzó los preparativos para construir el templo que reemplazaría al tabernáculo. Sin embargo, Dios dijo que aunque el linaje de David sería establecido para siempre (el pacto davídico), Salomón, el hijo de David, construiría el templo (2 Samuel 7). Después de la muerte de David, el rey Salomón dirigió la construcción del templo por un periodo de siete años. Este templo permaneció por casi cuatrocientos años antes de que fuera destruido en el 586 a. C., cuando Jerusalén caía ante Babilonia.

El atrio contenía un altar donde los sacerdotes hacían sacrificios; el «Mar», un tazón redondo enorme para agua apoyado sobre doce bueyes de bronce; y diez tazones de bronce más pequeños (1 Reyes 7:23-25; 2 Crónicas 4:1). La entrada incluía dos columnas de bronce llamadas *Jaquín* («él establece») y *Boaz* («en él hay fuerza») (1 Reyes 7:15-21). Dentro del Lugar Santo había un pequeño altar para el incienso, diez candelabros de oro, y una mesa para el pan (a veces llegaban a haber hasta diez mesas; 1 Reyes 7:48-49; 2 Crónicas 4:8). En el Lugar Santísimo, detrás de la cortina, estaban el arca del pacto y dos querubines grandes hechos de madera de olivo y oro (1 Reyes 6:23, 28; 2 Crónicas 3:14).

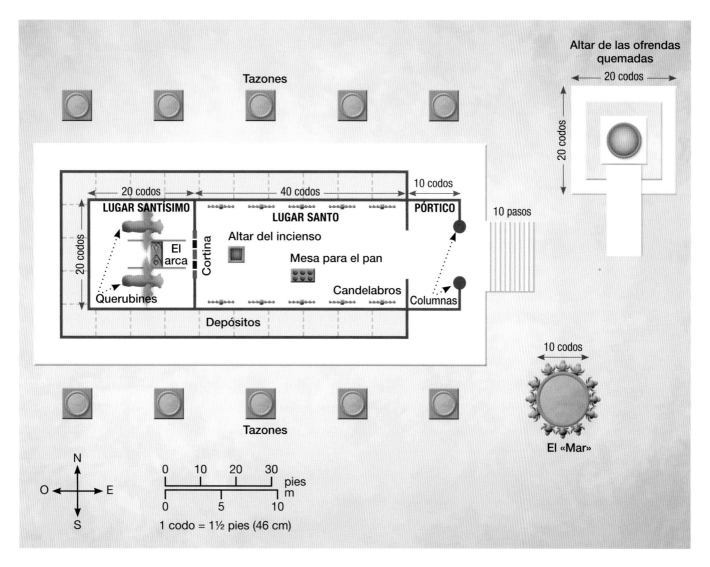

Las descripciones del templo aparecen en la Biblia, pero deben ser interpretadas por cada artista; no habrá dos ilustraciones que se vean exactamente iguales.
No todos los objetos son dibujados a escala.

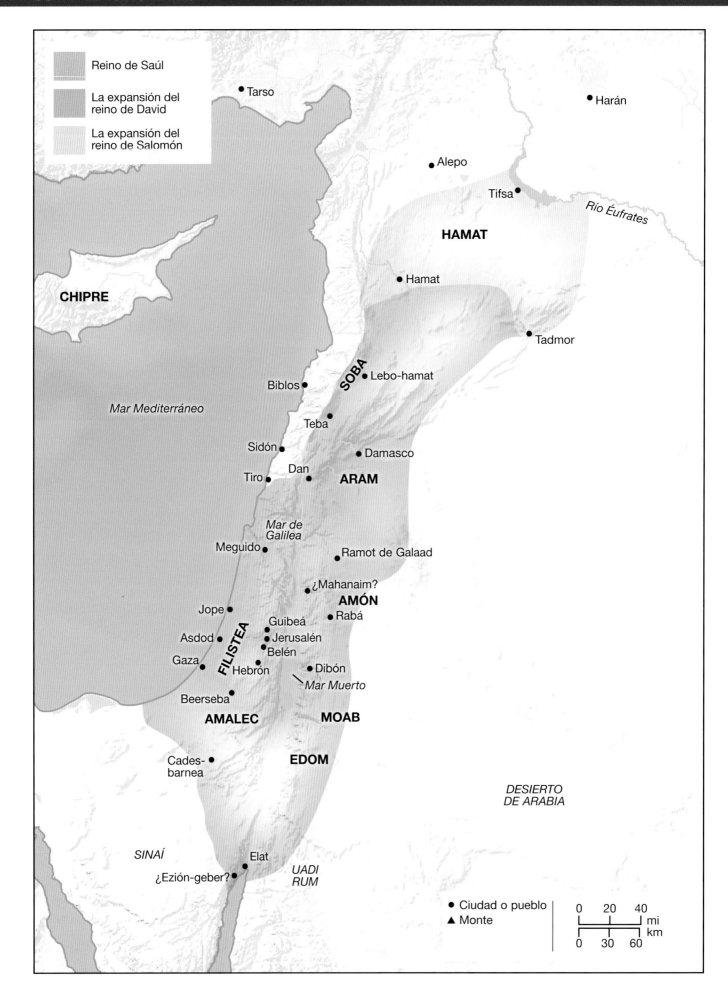

Reino de Saúl

La expansión del reino de David

La expansión del reino de Salomón

Tarso

Harán

Alepo

Tifsa

Río Éufrates

HAMAT

CHIPRE

Hamat

Tadmor

Mar Mediterráneo

SOBA

Biblos

Lebo-hamat

Teba

Sidón

Damasco

Tiro

Dan

ARAM

Mar de Galilea

Meguido

Ramot de Galaad

¿Mahanaim?

AMÓN

Jope

Rabá

Guibeá

Asdod

Jerusalén

FILISTEA

Belén

Gaza

Dibón

Hebrón

Mar Muerto

Beerseba

AMALEC

MOAB

Cades-barnea

EDOM

DESIERTO DE ARABIA

SINAÍ

Elat

¿Ezión-geber?

UADI RUM

● Ciudad o pueblo

▲ Monte

0	20	40	
			mi
0	30	60	km

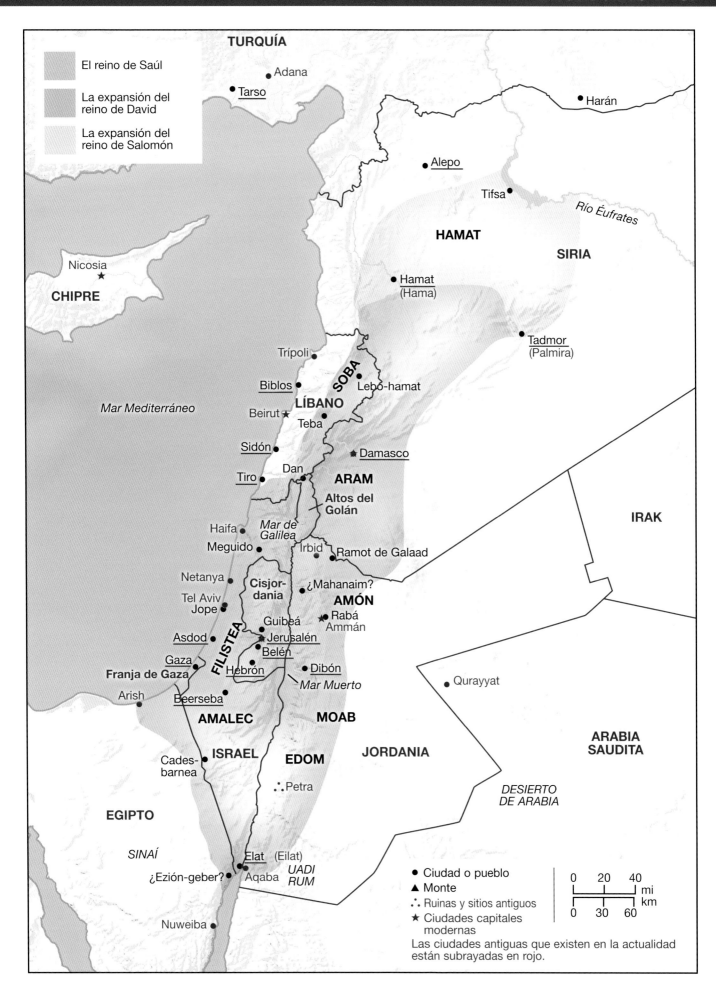

TURQUÍA

• Adana

• **Tarso**

• **Harán**

El reino de Saúl

La expansión del reino de David

La expansión del reino de Salomón

• **Alepo**

Tifsa •

Río Éufrates

HAMAT

SIRIA

Nicosia
★

CHIPRE

• Hamat
(Hama)

• Tadmor
(Palmira)

Mar Mediterráneo

Trípoli •

SOBA

Biblos •

Lebo-hamat

LÍBANO

Beirut ★

Teba •

Sidón •

⚶ Damasco

Tiro •

Dan •

ARAM

Altos del Golán

IRAK

Haifa •

Mar de Galilea

Meguido •

Irbid •

• Ramot de Galaad

Netanya •

Cisjordania

¿Mahanaim? •

AMÓN

Tel Aviv
Jope •

Guibeá •

★ Rabá
Ammán

Asdod •

★ **Jerusalén**

Belén •

FILISTEA

Gaza •

• **Dibón**

Franja de Gaza

Hebrón •

Mar Muerto

Arish •

Beerseba •

• Qurayyat

AMALEC

MOAB

ARABIA SAUDITA

ISRAEL

EDOM

JORDANIA

Cades-barnea

∴ Petra

DESIERTO DE ARABIA

EGIPTO

SINAÍ

Elat (Eilat)

¿Ezión-geber? •

Aqaba

UADI RUM

Nuweiba •

• Ciudad o pueblo
▲ Monte
∴ Ruinas y sitios antiguos
★ Ciudades capitales modernas

Las ciudades antiguas que existen en la actualidad están subrayadas en rojo.

| 0 | 20 | 40 | |
| mi |
| 0 | 30 | 60 | km |

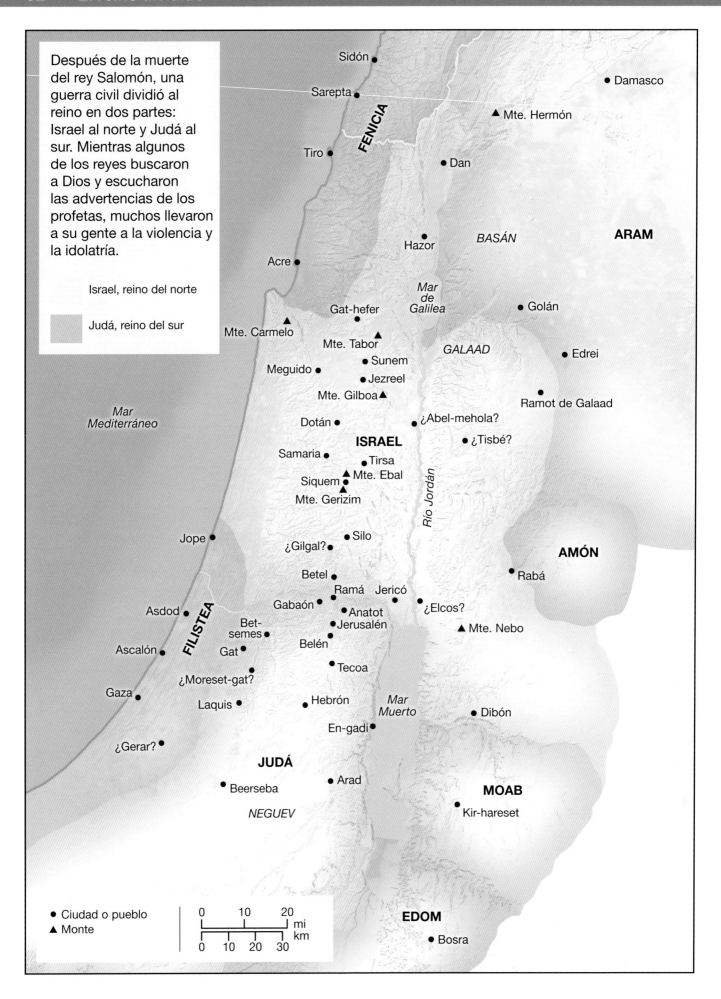

Después de la muerte del rey Salomón, una guerra civil dividió al reino en dos partes: Israel al norte y Judá al sur. Mientras algunos de los reyes buscaron a Dios y escucharon las advertencias de los profetas, muchos llevaron a su gente a la violencia y la idolatría.

Israel, reino del norte

Judá, reino del sur

Sidón

Damasco

Sarepta

FENICIA

▲ Mte. Hermón

Tiro

Dan

BASÁN

ARAM

Hazor

Acre

Mar de Galilea

Golán

Gat-hefer

▲ Mte. Carmelo

Mte. Tabor ▲

GALAAD

Edrei

Sunem

Meguido

Jezreel

Ramot de Galaad

Mte. Gilboa ▲

Mar Mediterráneo

Dotán

¿Abel-mehola?

ISRAEL

¿Tisbé?

Samaria

Tirsa

Río Jordán

Siquem ▲ Mte. Ebal

▲
Mte. Gerizim

Silo

Jope

¿Gilgal?

AMÓN

Betel

Rabá

Ramá   Jericó

Gabaón

Asdod

FILISTEA

Anatot
Jerusalén

¿Elcos?

Bet-semes

▲ Mte. Nebo

Ascalón

Gat

Belén

¿Moreset-gat?

Tecoa

Gaza

Hebrón

Mar Muerto

Laquis

Dibón

En-gadi

¿Gerar?

JUDÁ

Arad

Beerseba

MOAB

NEGUEV

Kir-hareset

• Ciudad o pueblo
▲ Monte

0   10   20
                    mi
                    km
0   10   20   30

EDOM

Bosra

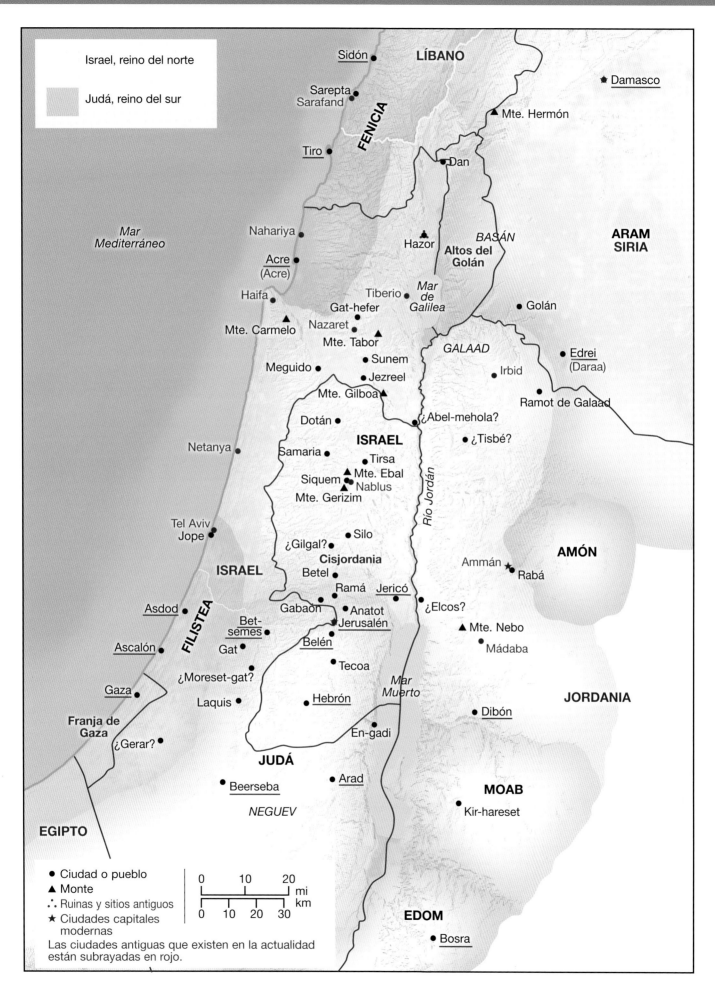

Israel, reino del norte

Judá, reino del sur

Sidón

LÍBANO

● Damasco

Sarepta
Sarafand

Mte. Hermón

FENICIA

Tiro

Dan

Mar
Mediterráneo

Nahariya

Hazor

BASÁN
Altos del
Golán

ARAM
SIRIA

Acre
(Acre)

Haifa

Tiberio

Mar
de
Galilea

Golán

Gat-hefer

Nazaret

Mte. Carmelo

Mte. Tabor

GALAAD

Irbid

Edrei
(Daraa)

Meguido

Sunem

Jezreel

Ramot de Galaad

Mte. Gilboa

Dotán

¿Abel-mehola?

¿Tisbé?

ISRAEL

Netanya

Samaria

Tirsa

Siquem

Mte. Ebal
Nablus

Mte. Gerizim

Río Jordán

Tel Aviv
Jope

Silo

¿Gilgal?

AMÓN

Cisjordania

Ammán

Betel

Rabá

ISRAEL

Ramá

Jericó

Gabaón

Anatot

¿Elcos?

Asdod

FILISTEA

Bet-
semes

Jerusalén

Mte. Nebo

Ascalón

Gat

Belén

Mádaba

Tecoa

Gaza

¿Moreset-gat?

Mar
Muerto

JORDANIA

Hebrón

Dibón

Laquis

Franja de
Gaza

¿Gerar?

En-gadi

JUDÁ

Arad

Beerseba

MOAB

NEGUEV

Kir-hareset

EGIPTO

● Ciudad o pueblo
▲ Monte
∴ Ruinas y sitios antiguos
★ Ciudades capitales
  modernas
Las ciudades antiguas que existen en la actualidad
están subrayadas en rojo.

0   10   20
                    mi
                    km
0   10   20   30

EDOM

Bosra

REY	REINO (a. C.)	MUERTE	EVALUACIÓN	REFERENCIAS
JEROBOAM I	931–910	Herido por Dios	Hizo el mal	1 Reyes 11:26–14:20 2 Crónicas 9:29–13:20
NADAB	910–909	Asesinado por Baasa	Hizo el mal	1 Reyes 15:25-31
BAASA	909–886	Causas naturales	Hizo el mal	1 Reyes 15:27–16:7 2 Crónicas 16:1-6
ELA	886–885	Asesinado por Zimri	Hizo el mal	1 Reyes 16:6-14
ZIMRI	885 (7 días)	Suicidio	Hizo el mal	1 Reyes 16:9-20
OMRI	885–874	Causas naturales	Hizo el mal	1 Reyes 16:15-28
ACAB	874–853	Herido en batalla	Hizo el mal	1 Reyes 16:28–22:40 2 Crónicas 18:1-34
OCOZÍAS	853–852	Herido mortalmente en una caída	Hizo el mal	1 Reyes 22:40—2 Reyes 1:18 2 Crónicas 20:35-37
JORAM	852–841	Asesinado por Jehú	Hizo el mal	2 Reyes 3:1-27; 9:14-26 2 Crónicas 22:5-7
JEHÚ	841–814	Causas naturales	Hizo el mal	2 Reyes 9:1–10:36 2 Crónicas 22:7-9
JOACAZ	814–798	Causas naturales	Hizo el mal	2 Reyes 13:1-9
JOÁS	798–782	Causas naturales	Hizo el mal	2 Reyes 13:9–14:16 2 Crónicas 25:17-25
JEROBOAM II	793–753	Causas naturales	Hizo el mal	2 Reyes 14:23-29
ZACARÍAS	753 (6 meses)	Asesinado por Salum	Hizo el mal	2 Reyes 14:29–15:8-12
SALUM	752 (1 mes)	Asesinado por Manahem	Hizo el mal	2 Reyes 15:10-15
MANAHEM	752–742	Causas naturales	Hizo el mal	2 Reyes 15:14-22
PEKAÍA	742–740	Asesinado por Peka	Hizo el mal	2 Reyes 15:22-26
PEKA	752–732	Asesinado por Oseas	Hizo el mal	2 Reyes 15:25-31 2 Crónicas 28:5-8
OSEAS	732–722	Eliminado por Asiria	Hizo el mal	2 Reyes 15:30; 17:1-6

Las fechas que se muestran aquí son aproximadas porque es posible que algunos de los reinados de los reyes se hayan superpuesto (corregencia). «Evaluación» se refiere a la forma en que el rey era juzgado espiritualmente, sea que «haya hecho lo malo» o «que haya hecho lo que era agradable a los ojos del Señor». Tibni contendió por el trono contra el rey Omri sin éxito (1 Reyes 16:21-22), y a veces aparece en la lista de los reyes, lo cual incrementa a veinte el número de los reyes de Israel.

REY	REINO (a. C.)	MUERTE	EVALUACIÓN	REFERENCIAS
ROBOAM	931–913	Causas naturales	Hizo el mal	1 Reyes 11:43–12:24; 14:21-31 2 Crónicas 9:31–12:16
ABÍAS	913–911	Causas naturales	Hizo el mal	1 Reyes 14:31–15:8 2 Crónicas 12:16–14:1
ASA	911–870	Enfermedad grave del pie	Hizo el bien	1 Reyes 15:8-24 2 Crónicas 14:1–16:14
JOSAFAT	873–848	Causas naturales	Hizo el bien	1 Reyes 22:1-50 2 Crónicas 17:1–21:1
JORAM	853–841	Una enfermedad dolorosa	Hizo el mal	2 Reyes 8:16-24 2 Crónicas 21:1-20
OCOZÍAS	841	Asesinado por Jehú	Hizo el mal	2 Reyes 8:24-29; 9:14-29 2 Crónicas 22:1-9
REINA ATALÍA	841–835	Asesinada por su ejército	Hizo el mal	2 Reyes 11:1-20 2 Crónicas 22:10–23:21
JOÁS	835–796	Asesinado por sus funcionarios	Hizo el bien	2 Reyes 11:1–12:21 2 Crónicas 22:10–24:27
AMASÍAS	796–767	Asesinado por sus funcionarios	Hizo el bien	2 Reyes 12:21; 14:1-20 2 Crónicas 24:27–25:28
UZÍAS	792–740	Enfermedad de la piel	Hizo el bien	2 Reyes 14:21-22; 15:1-7 2 Crónicas 26:1-23
JOTAM	750–732	Causas naturales	Hizo el bien	2 Reyes 15:32-38 2 Crónicas 26:23–27:9
ACAZ	735–716	Causas naturales	Hizo el mal	2 Reyes 16:1-20 2 Crónicas 27:9–28:27
EZEQUÍAS	716–687	Causas naturales	Hizo el bien	2 Reyes 18:1–20:21 2 Crónicas 28:27–32:33
MANASÉS	697–643	Causas naturales	Hizo el mal	2 Reyes 21:1-18 2 Crónicas 32:33–33:20
AMON	643–641	Asesinado por sus funcionarios	Hizo el mal	2 Reyes 21:18-26 2 Crónicas 33:20-25
JOSÍAS	641–609	Herido en batalla	Hizo el bien	2 Reyes 21:26–23:30 2 Crónicas 33:25–35:27
JOACAZ	609 (3 meses)	Murió en Egipto	Hizo el mal	2 Reyes 23:30-34 2 Crónicas 36:1-4
JOACÍM	609–598	Murió en Babilonia	Hizo el mal	2 Reyes 23:34–24:6 2 Crónicas 36:4-8
JOAQUÍN	597 (3 meses)	Murió en Babilonia	Hizo el mal	2 Reyes 24:6-16; 25:27-30 2 Crónicas 36:8-10
SEDEQUÍAS	597–586	Murió en Babilonia	Hizo el mal	2 Reyes 24:17–25:7 2 Crónicas 36:10-13

Elías y Eliseo

Dios usó al profeta Elías para confrontar a Acab y a otros reyes pecadores de Israel, para levantar de los muertos al hijo de una viuda, y para demostrar la autoridad de Dios sobre el dios falso Baal. Elías fue el mentor del profeta Eliseo y finalmente fue llevado al cielo en un torbellino. Cuando Elías fue llevado al cielo, su manto cayó sobre Eliseo, lo cual marcó el comienzo del ministerio de Eliseo. En algunos aspectos, el ministerio de Eliseo fue un reflejo del de Elías: resucitó al hijo de una mujer, de manera milagrosa alimentó a algunas personas con apenas un poco de comida, y desafió reyes con la palabra del Señor. ¡El poder de Dios estaba tan presente en Eliseo que un cuerpo muerto volvió a vivir después de entrar en contacto con los huesos de Eliseo!

Elías

1 El pueblo natal de Elías era Tisbé.
1 Reyes 17:1

2 Elías es alimentado por cuervos en el desierto junto al arroyo de Querit cerca del río Jordán.
1 Reyes 17:2-6

3 En Sarepta, Elías realiza dos milagros a través del poder de Dios: el milagro de la harina y el aceite, y la resurrección del hijo de la viuda.
1 Reyes 17:7-24

4 En el monte Carmelo, Elías hace descender fuego de Dios en una contienda contra los profetas de Baal.
1 Reyes 18:16-46

5 Cuando Elías huye de la reina Jezabel para salvar su vida, el ángel del Señor le provee alimento en el desierto cerca de Beerseba.
1 Reyes 19:1-7

6 En el monte Horeb (monte Sinaí), Elías escucha la voz de Dios como un suave susurro.
1 Reyes 19:8-18

7 Por instrucción de Dios, Elías llama a Eliseo para que lo siga en Abel-mehola, el pueblo natal de Eliseo.
1 Reyes 19:16, 19-21

8 En Jezreel, Elías condena al rey Acab por haber asesinado a Nabot y por haber tomado su viñedo.
1 Reyes 21:17-29

9 Por causa de la idolatría del rey Ocozías, Elías se niega a sanar al rey, quien estaba mortalmente herido después de haberse caído en Samaria.
2 Reyes 1:15-17

10 Elías es llevado al cielo en un torbellino cerca del río Jordán (se desconoce la ubicación exacta). El manto de Elías cae sobre Eliseo.
2 Reyes 2:1-18

Eliseo

11 Eliseo purifica el agua con sal en Jericó.
2 Reyes 2:18-22

12 Mientras Eliseo se dirigía a Betel, un oso ataca a unos muchachos que se habían burlado del profeta.
2 Reyes 2:23-24

13 Eliseo continúa su viaje al monte Carmelo, y luego a Samaria. 2 Reyes 2:25

14 Eliseo provee agua para los israelitas y la victoria contra Moab en el desierto de Edom. 2 Reyes 3:9-27

Eliseo milagrosamente multiplica el aceite para una viuda y sus dos hijos (se desconoce la ubicación). 2 Reyes 4:1-7

15 Eliseo resucita al hijo de una mujer Sunamita.
2 Reyes 4:8-37

16 En Gilgal, Eliseo resuelve el problema de un guisado venenoso y alimenta a cien hombres.
2 Reyes 4:38-44

17 Eliseo realiza milagros en el río Jordán: Naamán se sana, Giezi es afectado por la lepra, y la cabeza de un hacha flota.
2 Reyes 5:1–6:7

18 En Dotán, Eliseo ciega al ejercito arameo y los lleva a Samaria.
2 Reyes 6:8-23

19 En Damasco, Eliseo predice que Hazael asesinaría a Ben-adad, rey de Aram.
2 Reyes 8:7-15

20 Eliseo envía a un profeta a Ramot de Galaad a ungir a Jehú como rey de Israel.
2 Reyes 9:1-13

Eliseo predice la lucha de Yoás con Aram. Eliseo muere. Posteriormente, un cuerpo muerto resucita después de entrar en contacto con los huesos de Eliseo (se desconocen las ubicaciones).
2 Reyes 13:14-21

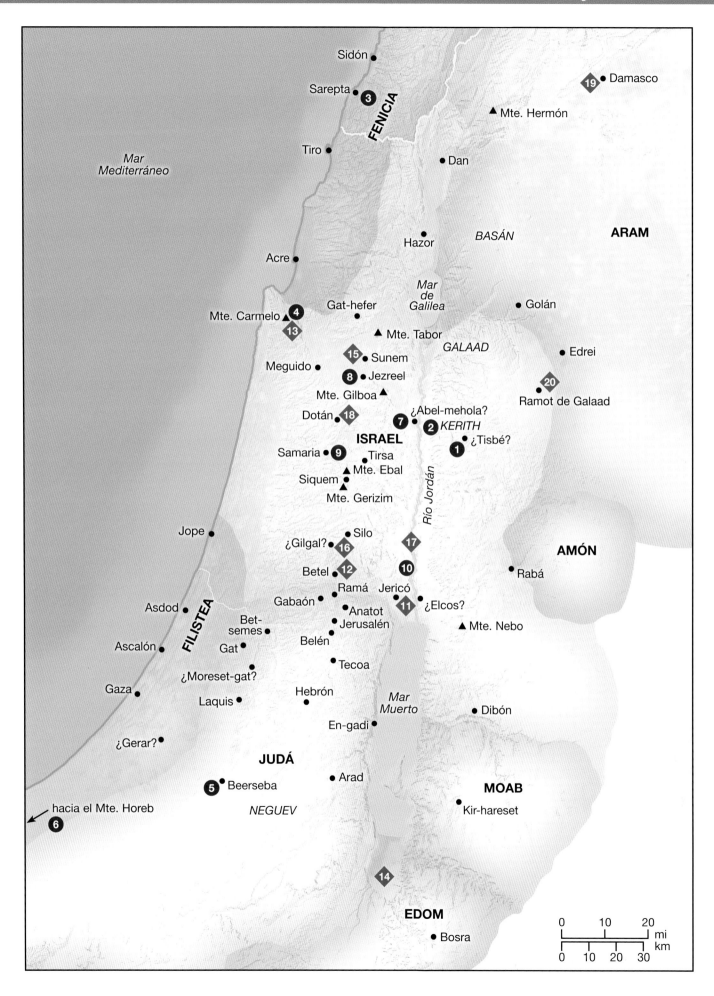

Sidón

Damasco **19**

Sarepta **3**
FENICIA

▲ Mte. Hermón

Tiro

Dan

*Mar
Mediterráneo*

Hazor

BASÁN

ARAM

Acre

*Mar
de
Galilea*

Golán

Mte. Carmelo ▲ **4**
13

Gat-hefer

▲ Mte. Tabor

GALAAD

Edrei

15 Sunem

20

Meguido
8 Jezreel

Ramot de Galaad

Mte. Gilboa ▲

Dotán **18**

¿Abel-mehola?
7 **2** *KERITH*

ISRAEL

1 ¿Tisbé?

Samaria **9**
Tirsa

▲ Mte. Ebal

Siquem
▲
Mte. Gerizim

Río Jordán

Jope

Silo
¿Gilgal? **16**

17

AMÓN

Betel **12**
Ramá

10

Gabaón

Jericó

Rabá

Anatot

11 ¿Elcos?

Jerusalén

Asdod

FILISTEA

Bet-
semes

Belén

▲ Mte. Nebo

Ascalón

Gat

Tecoa

¿Moreset-gat?

Gaza

Hebrón

*Mar
Muerto*

Dibón

Laquis

En-gadi

¿Gerar?

JUDÁ

Arad

MOAB

5 Beerseba

hacia el Mte. Horeb

NEGUEV

Kir-hareset

6

14

EDOM

Bosra

0   10   20
|__|__|__| mi
|__|__|__|__| km
0   10   20   30

PROFETA	PROFETIZÓ	FECHA (a. C.)	LUGAR	REFERENCIAS
SAMUEL	A Israel	1060–1020 a. C.	Ramá	1 Sm 1–25; 28
NATÁN	Al rey David	990–971 a. C.	Jerusalén	2 Sm 7; 12; 1 Cr 17; 1 Re 1
ELÍAS	A Israel	870–845 a. C.	Tisbé	1 Re 17–21; 2 Re 1–2
ELISEO	A Israel	845–800 a. C.	Abel-mehola	1 Re 19:16-21; 2 Re 2:1–9:13; 13:14-21
JONÁS	A Nínive	783–753 a. C.	Gat-hefer	2 Re 14:25; libro de Jonás
AMÓS	A Israel	760–753 a. C.	Tecoa	Libro de Amós
OSEAS	A Israel	752–722 a. C.	Israel	Libro de Oseas
ISAÍAS	A Judá	740–681 a. C.	Jerusalén	2 Re 19–20; 2 Cr 26:22; 32:20; libro de Isaías
MIQUEAS	A Judá	738–698 a. C.	Moreset-gat	Jr 26:18; libro de Miqueas
NAHÚM	Sobre Nínive	663–612 a. C.	Elcos	Libro de Nahúm
SOFONÍAS	A Judá	641–628 a. C.	Posiblemente Jerusalén	Libro de Sofonías
JEREMÍAS	A Judá	626–582 a. C.	Anatot	2 Cr 35:25; 36:12; libro de Jeremías
HABACUC	A Judá	609–598 a. C.	Desconocido	Libro de Habacuc
DANIEL	A los desterrados en Babilonia	605–535 a. C.	Babilonia	Libro de Daniel
EZEQUIEL	A los desterrados en Babilonia	593–571 a. C.	Nipur	Libro de Ezequiel
ABDÍAS	Sobre Edom	586 a. C.	Judá	Libro de Abdías
HAGEO	A los desterrados que volvieron	520 a. C.	Jerusalén	Esd 5:1; 6:14; libro de Hageo
ZACARÍAS	A los desterrados que volvieron	520–518 a. C.	Jerusalén	Esd 5:1; 6:14; libro de Zacarías
MALAQUÍAS	A Judá	400 a. C.	Posiblemente Jerusalén	Libro de Malaquías
JOEL	A Judá	Desconocida	Posiblemente Jerusalén	Libro de Joel

Las fechas son aproximadas e indican los años de ministerio profético registrados en la Biblia.

LA ESTATUA	LAS CUATRO BESTIAS	LOS REINOS
El sueño de Nabucodonosor sobre una estatua enorme (Dn 2)	El sueño de Daniel sobre cuatro bestias del mar (Dn 7)	Reinos simbolizados por la estatua y las bestias
Cabeza de oro fino El oro denotaba poder y gloria. En la época de Daniel, Babilonia era el reino más poderoso y acaudalado que el antiguo Cercano Oriente había visto.	**León con alas de águila** Nabucodonosor es comparado con tanto un león (Jr 4:7) como un águila (Ez 17:3-12). Imágenes de leones con alas eran populares en la arquitectura y la moneda de Babilonia.	**Imperio babilónico** 612–539 a. C. Del rey Nabucodonosor al rey Belsasar
Pecho y brazos de plata Con Media, Persia era el segundo gran poder (Imperio medo-persa). Juntos derrotaron a Babilonia.	**Oso con costillas entre los dientes** Puede que el oso que se levanta sobre su costado ilustre el dominio persa sobre Media. Puede que las tres costillas sean los grandes imperios que Persia conquistó.	**Imperio persa** 539–330 a. C. Del rey Ciro al rey Darío III Un carnero es símbolo de Persia en Daniel 8.
Vientre y muslos de bronce El bronce era menos valioso que el oro y la plata, simbolizando el estatus inferior de este reino.	**Leopardo con cuatro alas y cuatro cabezas** Puede que las alas ilustren la rapidez en la que Alejandro conquistó Persia. Puede que las cabezas sean la división del imperio de Alejandro en cuatro provincias después de su muerte.	**Imperio griego** 330–63 a. C. Alejandro Magno y las cuatro divisiones Una cabra es símbolo de Grecia en Daniel 8.
Piernas de hierro; pies de hierro y barro cocido Este reino dividido era tan fuerte como el hierro, pero estaba mezclado con barro cocido, una sustancia más débil. La Biblia no identifica específicamente a este reino, pero la mayoría de los eruditos creen que es el Imperio romano.	**Bestia con diez cuernos** Los cuernos son los diez reyes que se levantarían de este reino. Entonces otro rey («cuerno pequeño») hablaría en contra de Dios y perseguiría al pueblo de Dios. Es durante el reinado de este rey que Dios establecería un reino eterno.	**Imperio romano** De 63 a. C. hasta la época de Jesús
Roca cortada de una montaña Una roca, no fabricada por manos humanas, golpeó los pies de la estatua y los hizo pedazos. La roca se convirtió en una montaña que cubrió toda la tierra. Esto simboliza a Jesús iniciando el reino de Dios.	**El hijo de hombre** Al final de la visión de Daniel sobre las bestias, él vio a «a alguien parecido a un hijo de hombre descender con las nubes del cielo», a quien se le dio «autoridad, honra y soberanía sobre todas las naciones del mundo, para que lo obedecieran los de toda raza, nación y lengua» (Dn 7:13-14).	**Reino eterno** Jesús se refirió a sí mismo como «el Hijo del Hombre» (Mc 10:45). El apóstol Juan tuvo una visión de Jesucristo («alguien parecido al Hijo del Hombre») reinando en el cielo (Ap 14:14).

Imperio asirio: 912–612 a. C.

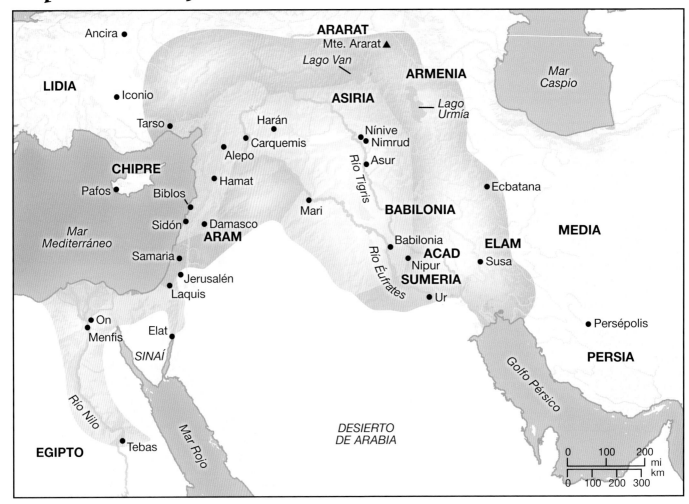

La expansión asiria: 912–745 a. C.

Gobernantes clave:
- Asurnasirpal II 883–859 a. C.
- Salmanasar III 859–824 a. C.

La expansión asiria: 745–681 a. C.

Gobernantes clave:
- Tiglat-pileser III 745–727 a. C.
- Salmanasar V 727–722 a. C.
- Sargón II 722–705 a. C.
- Senaquerib 705–681 a. C.

La expansión asiria: 681–612 a. C.

Gobernantes clave:
- Esar-hadón 681–669 a. C.
- Asurbanipal 669–627 a. C.

CRONOLOGÍA: DE ASIRIA A PERSIA

Asiria comienza a expandir su territorio. 912 a. C.

El reino del norte de Israel es forzado a pagar tributo a Asiria. 841 a. C.

Nínive, la capital de Asiria, cae ante Babilonia y Media. 612 a. C.

Israel cae ante Asiria. 722 a. C.

El reino del sur de Judá cae ante Babilonia; el templo es destruido y los sobrevivientes desterrados. 586 a. C.

900 a. C.　800 a. C.　700 a. C.　600 a. C.

Imperio asirio: 912–612 a. C.

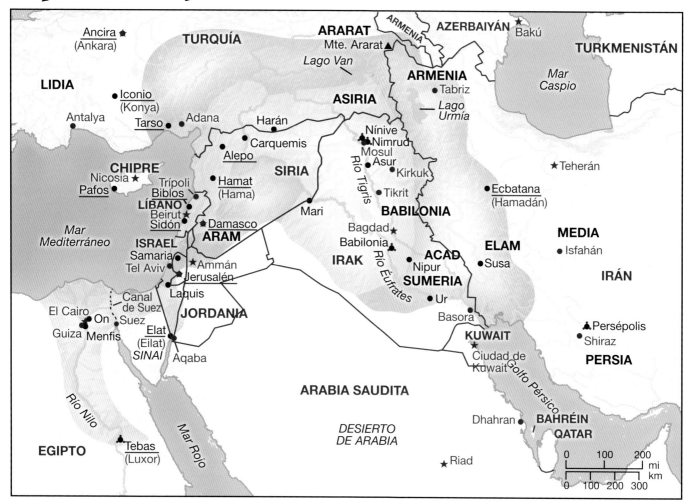

La expansión asiria:
912–745 a. C.

La expansión asiria:
745–681 a. C.

La expansión asiria:
681–612 a. C.

El imperio babilónico cae ante
Persia y Media. 539 a. C.

Esdras regresa a Jerusalén
desde Babilonia. 457 a. C.

El rey Ciro de Persia permite que los desterrados
judíos regresen a Jerusalén. 538 a. C.

Zorobabel lleva a los desterrados a Jerusalén. 538 a. C.

Nehemías regresa
a Jerusalén desde
Susa. 444 a. C.

Reconstrucción del templo
de Jerusalén. 516 a. C.

500 a. C.

El imperio babilónico: 612–539 a. C.

Imperio babilónico	Imperio persa	Imperio medo	Ruta del destierro →

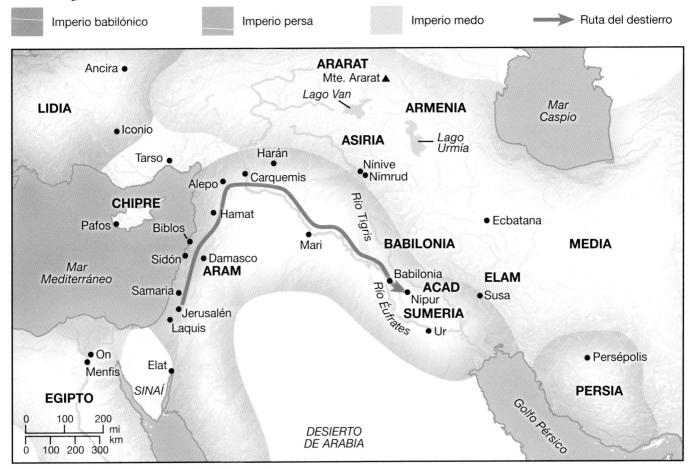

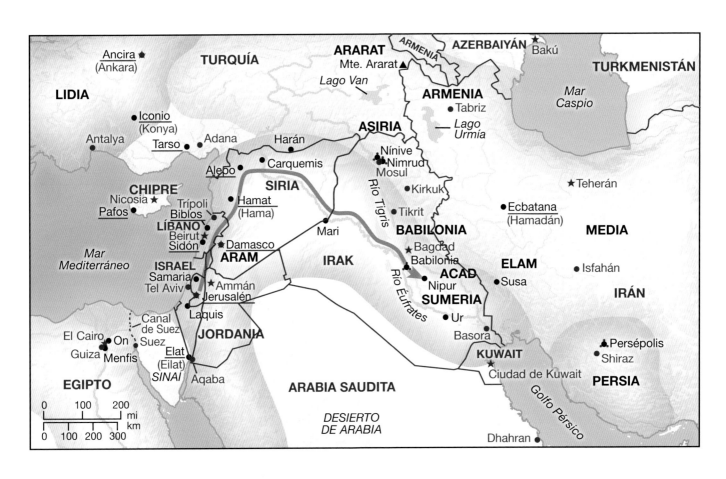

Imperio persa: 539–330 a. C.

Imperio persa

Ruta de regreso de Zorobabel y de Esdras después

Ruta de regreso de Nehemías

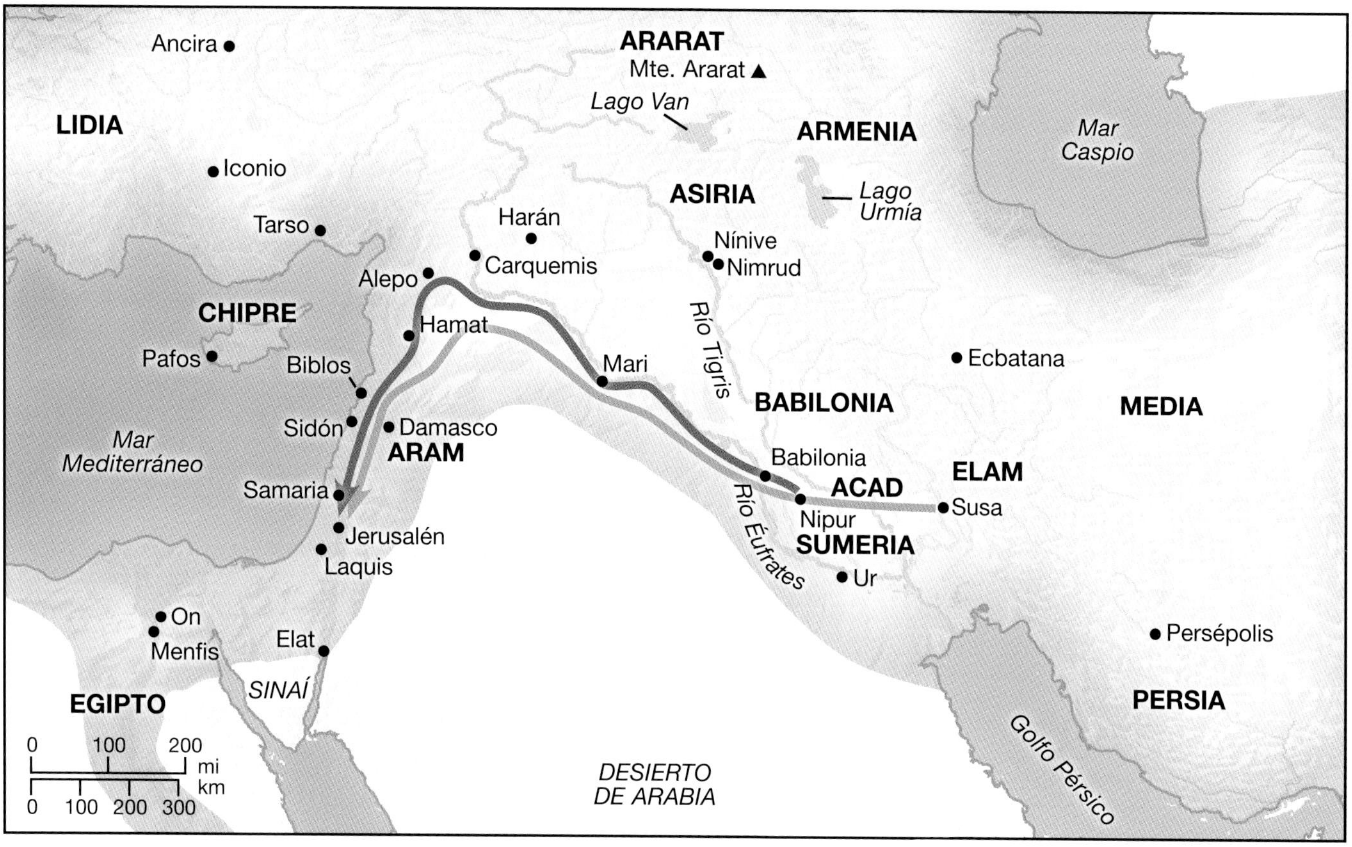

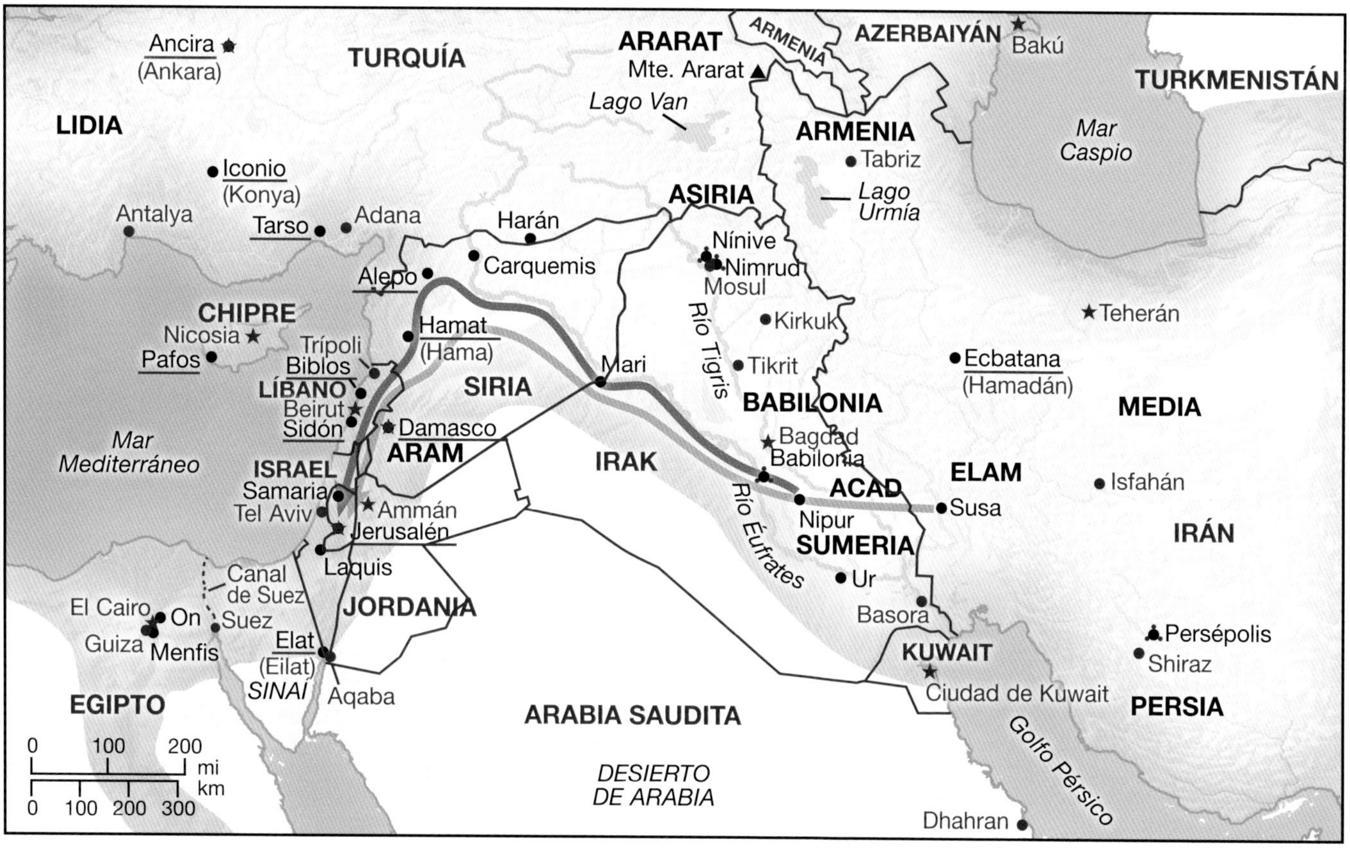

Imperio griego: 330–63 a. C.

 Imperio tolemaico   Imperio seléucida

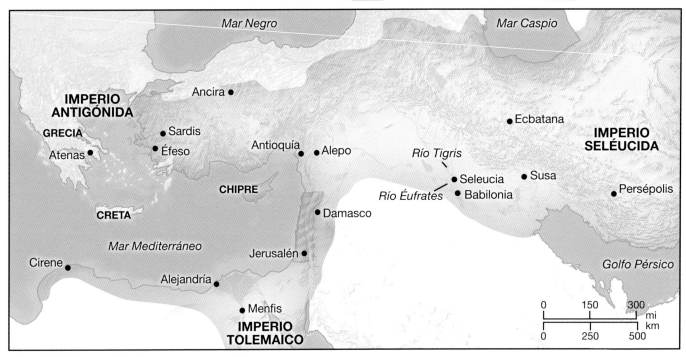

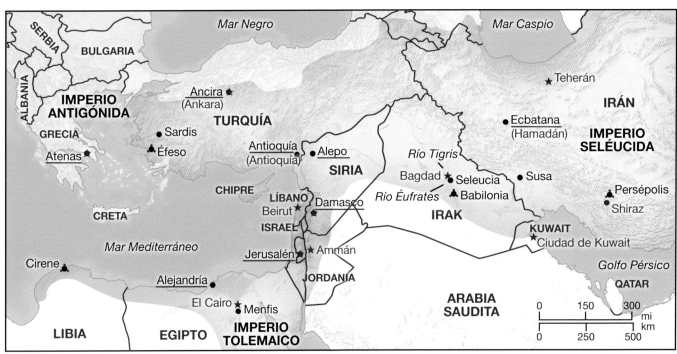

CRONOLOGÍA: DE GRECIA A ROMA

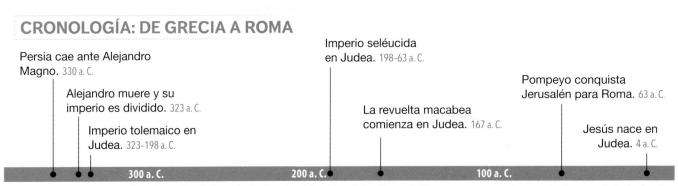

Persia cae ante Alejandro Magno. 330 a. C.

Alejandro muere y su imperio es dividido. 323 a. C.

Imperio tolemaico en Judea. 323-198 a. C.

Imperio seléucida en Judea. 198-63 a. C.

La revuelta macabea comienza en Judea. 167 a. C.

Pompeyo conquista Jerusalén para Roma. 63 a. C.

Jesús nace en Judea. 4 a. C.

300 a. C.   200 a. C.   100 a. C.

La mayoría de los eruditos bíblicos datan el nacimiento de Jesús entre el 6 y el 4 a. C. Las líneas de tiempo que se presentan en este libro usan la fecha 4 a. C.

Imperio romano: 63–4 a. C.

Imperio romano

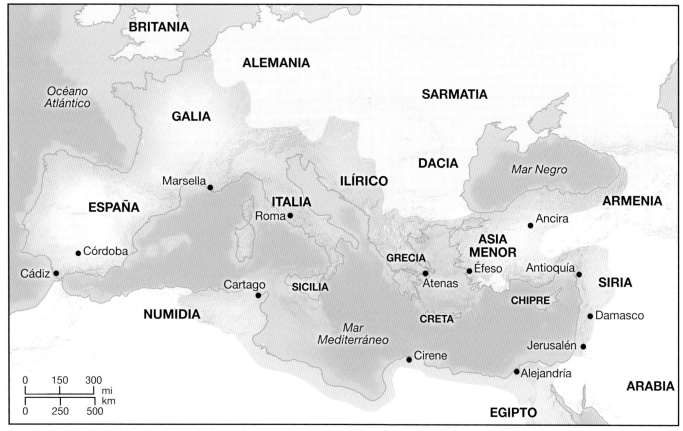

Aunque el Imperio romano continuó hasta el siglo V d. C., este mapa muestra el territorio que abarcaba el imperio en el tiempo en que Jesús nació, c. 4 a. C.

ENTRE EL ANTIGUO Y EL NUEVO TESTAMENTO

LOS EVANGELIOS: MATEO, MARCOS, LUCAS Y JUAN

HISTORIA BÍBLICA

◆ = Se escribió un libro de la Biblia. Las fechas indican el periodo de tiempo en el cual el libro fue escrito y/o compilado.

◈ = Pacto   c. = Fecha aproximada

Los 66 libros de la Biblia no cubren este periodo de 400 años.

HISTORIA MUNDIAL

400 a. C. · 300 a. C. · 200 a. C. · 100 a. C. · 1 d. C. · 10 d. C. · 20 d. C. · 30 d. C.

Historia Bíblica (Evangelios)

- Nacimiento de Juan el Bautista. c. 5 a. C.
- Nacimiento de Jesús en Belén. c. 4 a. C.
- Jesús (a los 12 años) maravilla a los maestros en el templo de Jerusalén. c. 8 d. C.
- Jesús es bautizado por Juan el Bautista en el río Jordán. c. 26
- Jesús comienza su ministerio público. c. 26
- Juan el Bautista es arrestado y asesinado por Herodes Antipas. c. 29

Historia Mundial

- Platón escribe *La República*. c. 370
- Alejandro Magno conquista Egipto y Judea; comienza la helenización. 332
- Persia cae ante Alejandro. 330
- Alejandro muere y su imperio es dividido. 323
- Imperio tolemaico en Judea 323-198
- Hinduismo codificado en la India. c. 274
- Primera Guerra Púnica; los romanos controlan Italia. 264-241
- Se escribe la Septuaginta (traducción de las Escrituras hebreas al griego). c. 255
- Segunda Guerra Púnica; Aníbal en Italia 219-201
- La Gran Muralla China es construida para bloquear invasores. c. 215
- Los Rollos del mar Muerto (copias de las Escrituras hebreas) más antiguos que se han escrito c. 200
- El Imperio seléucida comienza a gobernar Judea. 198
- La Piedra Rosetta 196
- El gobernante seléucida Antíoco IV profana el templo en Jerusalén e intenta forzar a los judíos a abandonar su ley. 175-164
- Revuelta de los macabeos: Judas Macabeo encabeza una revuelta judía contra los seléucidas. 167
- Rededicación del templo de Jerusalén (Janucá). c. 164
- Dinastía asmonea 164-63
- Tercera Guerra Púnica; los romanos controlan Grecia. 149-146
- Barcos de China llegan a la India por primera vez. 100
- Espartaco es líder de una revuelta de esclavos. 73-71
- Pompeyo conquista Jerusalén para Roma. 63
- Julio César, Craso, y Pompeyo forman el primer triunvirato. 60
- Cleopatra VII gobierna Egipto. 51-31 a. C.
- Herodes el Grande gobierna Judea. 37-4 a. C.
- Augusto César gobierna el Imperio romano. 27 a. c.-14 d. C.
- Herodes comienza una expansión masiva del complejo del templo en Jerusalén. 20 a. C.
- Herodes Antipas gobierna Galilea. 4 a. C.-39 d. C.
- Caifás es sumo sacerdote en Jerusalén. 18-36
- Emperador Tiberio de Roma 14-37
- Poncio Pilato gobierna Judea. 26-36
- Wu Ti (Wu el Grande) funda la dinastía Han occidental en China. 25

HECHOS

HISTORIA CRISTIANA DESPUÉS DEL LIBRO DE LOS HECHOS

Nuevo pacto

- La muerte de Jesús en la cruz y su resurrección en Jerusalén. c. 30
- El Jesús resucitado se aparece a sus discípulos y a muchos otros; asciende al cielo. c. 30
- Los discípulos reciben el Espíritu Santo durante Pentecostés en Jerusalén. c. 30
- Esteban es martirizado en Jerusalén. Los cristianos comienzan a dispersarse por toda Judea y Samaria. c. 32
  - Conversión de Pablo camino a Damasco. 37
    - Pedro lleva el evangelio a los gentiles. 40
      - Apóstol Santiago (hijo de Zebedeo) es martirizado. c. 44

Primer viaje misionero de Pablo c. 47–49
- Santiago (hermano de Jesús) escribe el libro de Santiago. c. 49
- Pablo escribe Gálatas. c. 49
- El concilio de Jerusalén. 49
- Los judíos son expulsados de Roma, incluyendo Priscila y Aquila. 49

El segundo viaje misionero de Pablo c. 49–51
- Marcos escribe su Evangelio. c. 50
- Pablo escribe 1 y 2 Tesalonicenses c. 50–51

Tercer viaje misionero de Pablo c. 52–57
- Pablo escribe 1 y 2 Corintios. c. 55–56
- Pablo escribe Romanos. c. 57

Viaje de Pablo a Roma c. 59–60
Pablo bajo arresto domiciliario en Roma. c. 60–62
- Lucas escribe su Evangelio y Hechos. c. 60–62
- Pablo escribe Efesios, Filipenses, Colosenses y Filemón. c. 60–62
- Mateo escribe su Evangelio. c. 60
- Santiago, el hermano de Jesús, es martirizado. 62
- Pablo escribe 1 Timoteo. c. 62–66
- Pablo escribe 1 y 2 Pedro. c. 64
- Pablo escribe Tito. c. 64–66
- Pablo escribe 2 Timoteo. c. 66–67
- Pedro y Pablo son martirizados en Roma durante la persecución de los cristianos por parte del emperador Nerón. c. 66–68
- Los cristianos de Jerusalén prefieren huir antes de unirse a la revuelta judía contra los romanos. 66
- Se escribe Hebreos. c. 60–69
- Se escribe Judas. c. 60–80

La persecución de los cristianos se intensifica bajo el emperador Domiciano. 81–96
- Juan escribe su Evangelio; 1, 2 y 3 Juan; y Apocalipsis. c. 85–95

Escritos de los primeros líderes de la iglesia; Bernabé, Clemente de Roma, Ignacio y Policarpo 85–150
- Clemente I, obispo de Roma 88
- Surgimiento de las herejías de los gnósticos en la iglesia 90

---

30 d. C.

Emperador Tiberio

Herodes Antipas

Poncio Pilato

Caifás

40 d. C.
Emperador Calígula 37–41
- Calígula se declara a sí mismo dios. 37

Emperador Claudio 41–54
- El emperador Claudio conquista Britania para Roma. 43
- Calendario juliano de 365,25 días; introducción del año bisiesto. 46

50 d. C.
Emperador Nerón 54–68

60 d. C.

Roma en llamas; Nerón culpa a los cristianos; comienza la persecución. 64–68
- Primera revuelta judía en contra de los romanos 66–73
- Qumrán es destruido (la gente de este asentamiento posiblemente preservó los Rollos del Mar Muerto). 68

Emperador Vespasiano 69–79
- Los romanos destruyen Jerusalén y el templo. 70
- Comienza la construcción del Coliseo Romano. c. 71
- Masada cae ante los romanos. 73

80 d. C.
- Erupción del Monte Vesubio. 79
Emperador Tito 79–81

Emperador Domiciano (exige el título «Señor y Dios»). 81–96

90 d. C.
- Josefo escribe *Antigüedades de los judíos*, la historia del pueblo judío. c. 94

Emperador Nerva 96–98
Emperador Trajano 98–117

100 d. C.

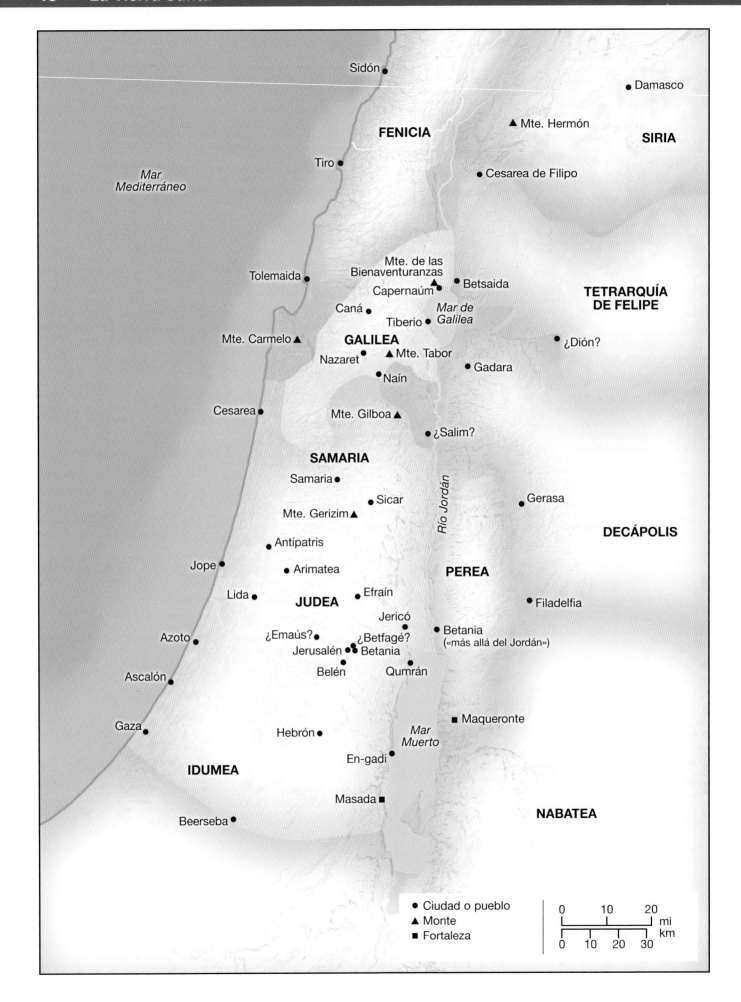

Sidón

Damasco

FENICIA

▲ Mte. Hermón

SIRIA

Tiro

*Mar
Mediterráneo*

Cesarea de Filipo

Tolemaida

Mte. de las
Bienaventuranzas

**TETRARQUÍA
DE FELIPE**

Capernaúm ▲

Betsaida

Caná

*Mar de
Galilea*

Mte. Carmelo ▲

Tiberio

GALILEA

Nazaret

▲ Mte. Tabor

¿Dión?

Naín

Gadara

Cesarea

Mte. Gilboa ▲

¿Salim?

SAMARIA

Samaria

Sicar

Gerasa

Mte. Gerizim ▲

Río Jordán

DECÁPOLIS

Antípatris

Jope

Arimatea

PEREA

Lida

Efraín

Filadelfia

JUDEA

Jericó

¿Emaús?

¿Betfagé?

Betania

Jerusalén

Betania
(«más allá del Jordán»)

Belén

Qumrán

■ Maqueronte

Hebrón

*Mar
Muerto*

En-gadi

IDUMEA

Masada ■

NABATEA

Beerseba

● Ciudad o pueblo
▲ Monte
■ Fortaleza

0	10	20	mi
0	10	20	30	km

Azoto

Ascalón

Gaza

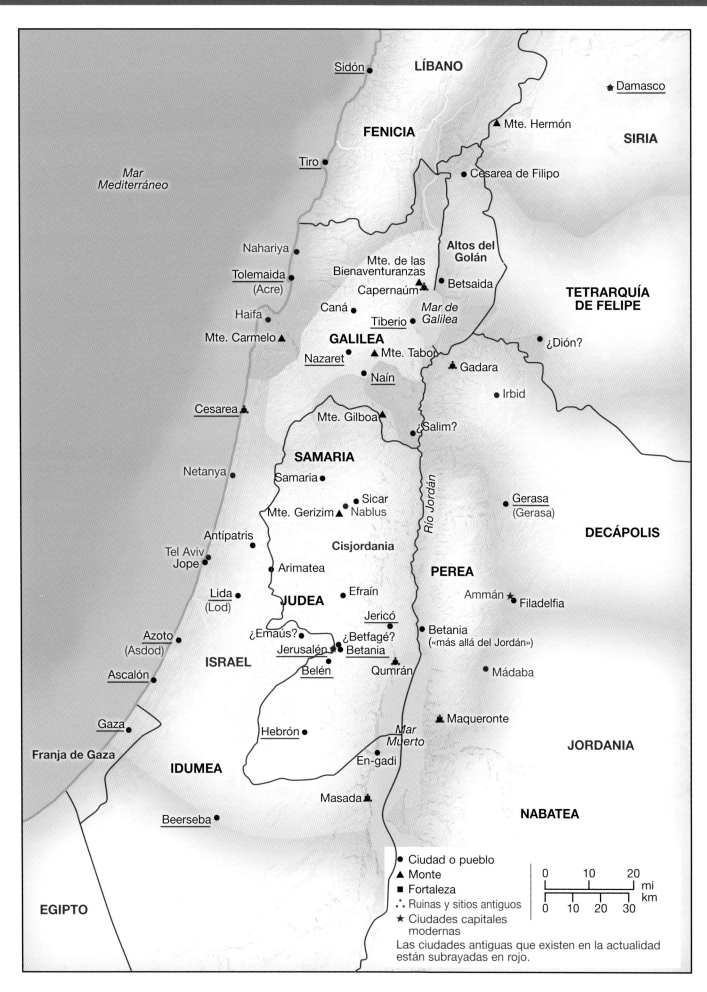

Sidón

LÍBANO

★ Damasco

FENICIA

● Mte. Hermón ▲

SIRIA

Mar Mediterráneo

Tiro ●

● Cesarea de Filipo

Nahariya ●

Altos del Golán

Mte. de las Bienaventuranzas

Capernaúm ▲ ● Betsaida

TETRARQUÍA DE FELIPE

Tolemaida (Acre) ●

Haifa ●

Caná ●

Tiberio ●

Mar de Galilea

Mte. Carmelo ▲

GALILEA

¿Dión? ●

Nazaret ●

▲ Mte. Tabor

Gadara ⸫

Irbid ●

Naín

Cesarea ⸫

Mte. Gilboa ▲

¿Salim? ●

SAMARIA

Netanya ●

Samaria ●

Gerasa (Gerasa)

Sicar ●

Mte. Gerizim ▲ Nablus ●

DECÁPOLIS

Antípatris ●

Cisjordania

Río Jordán

Tel Aviv Jope ●

Arimatea ●

PEREA

Efraín ●

Lida (Lod) ●

Ammán ★ Filadelfia ●

JUDEA

Jericó

Azoto (Asdod) ●

¿Emaús? ●

¿Betfagé? ●

Betania («más allá del Jordán»)

Jerusalén ● Betania ●

ISRAEL

Belén ●

Qumrán ⸫

Mádaba ●

Ascalón ●

Maqueronte ⸫

JORDANIA

Gaza ●

Hebrón ●

Mar Muerto

Franja de Gaza

En-gadi ●

IDUMEA

Masada ⸫

NABATEA

Beerseba ●

EGIPTO

● Ciudad o pueblo
▲ Monte
■ Fortaleza
⸫ Ruinas y sitios antiguos
★ Ciudades capitales modernas

Las ciudades antiguas que existen en la actualidad están subrayadas en rojo.

```
0        10        20
|----|----|----|----| mi
                        km
0    10   20   30
```

PEDRO
«La roca»

También llamado: Simón, *Cefas* («roca»)

Símbolo: Llaves (Mt 16:19)

Pedro y su hermano Andrés eran de Betsaida y vivían en Capernaúm. Pedro se convirtió en un líder de la iglesia primitiva y escribió las epístolas 1 y 2 de Pedro. Murió como mártir en Roma.

ANDRÉS
«El primero»

También llamado: Protocletos («el primero en ser llamado»)

Símbolo: Ancla de pescador

Andrés, hermano de Pedro y pescador de Betsaida, fue discípulo de Juan el Bautista también. Andrés fue el primero de los doce discípulos que siguió a Jesús (Jn 1:35-42).

SANTIAGO
«El anciano»

También llamado: Santiago el Mayor

Símbolo: Espada (Hch 12:2)

Los hermanos Santiago y Juan («hijos del trueno», Mc 3:17) eran pescadores de Galilea cuando Jesús los llamó a seguirlo. Santiago probablemente era mayor que Juan. Santiago fue el primer apóstol que murió como mártir.

JUAN
«El amado»

También llamado: El Evangelista

Símbolo: Copa (Mt 20:23)

Juan dejó su negocio de pesca en Galilea para seguir a Jesús. Era líder de la iglesia en Jerusalén y escribió cinco libros del Nuevo Testamento. Juan se refería a sí mismo en su Evangelio como «a quien Jesús amaba» (Jn 20:2).

FELIPE
«El probado»

También llamado: Felipe el Apóstol

Símbolo: Pan (Jn 6:5-7)

Felipe dice a Natanael «ven y compruébalo tú mismo» respecto a Jesús (Jn 1:46). Antes de alimentar milagrosamente a 5.000 personas, un evento que ocurrió cerca de Betsaida, el pueblo natal de Felipe, Jesús puso a prueba la fe de Felipe.

NATANAEL
«Visto»

También llamado: Bartolomé

Símbolo: Cuchillo, representando su martirio.

Originalmente de Caná (Jn 21:2), Creyó en Jesús de inmediato cuando este le dijo que lo vio sentado bajo un árbol, sin siquiera haberlo conocido antes (Jn 1:47-49).

TOMÁS
«El incrédulo»

También llamado: Dídimo («Gemelo»)

Símbolo: Regla T de carpintero, de acuerdo a una leyenda que dice que Tomás era carpintero.

A Tomás a menudo se lo apodaba «Tomás el Incrédulo» debido a que inicialmente no creía que Jesús había resucitado (Jn 20:24-28).

MATEO
«El pecador»

También llamado: Leví

Símbolo: Bolsa con monedas

Mateo abandonó su trabajo como recolector de impuestos en Capernaúm para seguir a Jesús. Invitó a Jesús a cenar con él y otros «pecadores» (Mt 9:9-13). Escribió el Evangelio de Mateo.

SIMÓN
«El zelote»

También llamado: El Cananeo («arder de fervor»)

Símbolo: Pez sobre un libro, representando su llamado a ser pescador de hombres.

Es posible que Simón haya sido miembro de los zelotes, un grupo político judío radical que se oponía a los romanos (Mc 3:18).

SANTIAGO
«El segundo»

También llamado: El Menor

Símbolo: Garrote, representando su martirio.

Sabemos muy poco acerca de este «segundo». Santiago que se menciona en los Evangelios. Como Mateo, Santiago es llamado hijo de Alfeo, por lo cual algunos creen que eran hermanos.

TADEO
«El que busca»

También llamado: Judas

Símbolo: Barco, representando sus viajes misioneros.

No se sabe mucho acerca de él aparte de que seguía a Jesús y que le hizo una pregunta en Juan 14:22. Según la tradición, Judas fue misionero en Persia y allí murió como mártir.

JUDAS
«El traidor»

También llamado: Judas Iscariote

Símbolo: Bolsa con monedas de plata

Judas era el tesorero de los discípulos y les robaba su dinero (Jn 12:6). Traicionó a Jesús por treinta monedas de plata. Después de escuchar que Jesús iba a ser crucificado, se ahorcó por remordimiento (Mt 27:3-5).

Los símbolos varían y se basan en la tradición de la iglesia.

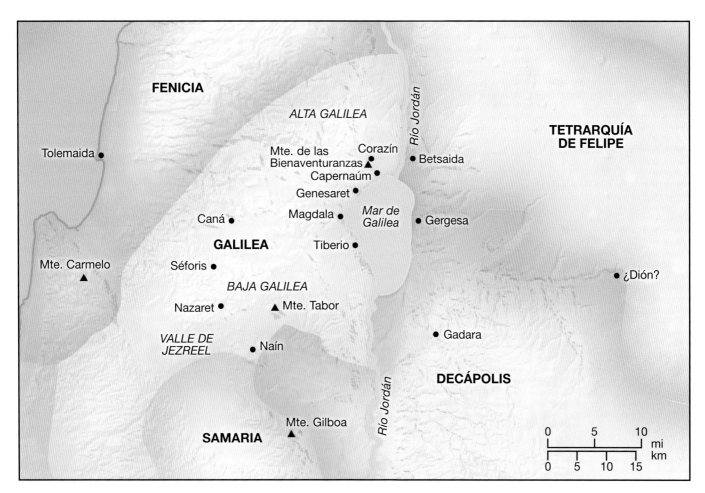

FENICIA

ALTA GALILEA

Tolemaida •

Mte. de las
Bienaventuranzas ▲ Corazín
Capernaúm •
Genesaret •

Caná •

Magdala •

Betsaida •

Río Jordán

TETRARQUÍA
DE FELIPE

Mar de
Galilea

Gergesa •

GALILEA

Tiberio •

Mte. Carmelo
▲

Séforis •

BAJA GALILEA

¿Dión? •

Nazaret •

▲ Mte. Tabor

VALLE DE
JEZREEL

Naín •

Gadara •

Río Jordán

DECÁPOLIS

Mte. Gilboa

SAMARIA ▲

| 0 | 5 | 10 | mi |
| 0 | 5 | 10 | 15 | km |

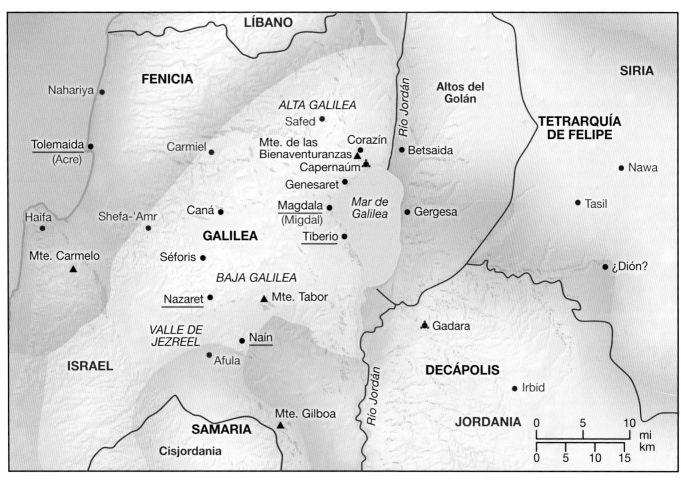

LÍBANO

Nahariya •

FENICIA

ALTA GALILEA

Safed •

Río Jordán

Altos del
Golán

SIRIA

TETRARQUÍA
DE FELIPE

Tolemaida •
(Acre)

Carmiel •

Mte. de las
Bienaventuranzas ▲ Corazín
Capernaúm ▲
Genesaret •

Betsaida •

Nawa •

Haifa •

Shefa-'Amr •

Caná •

Magdala •
(Migdal)

Mar de
Galilea

Gergesa •

Tasil •

GALILEA

Tiberio •

Mte. Carmelo
▲

Séforis •

BAJA GALILEA

¿Dión? •

Nazaret •

▲ Mte. Tabor

VALLE DE
JEZREEL

Naín •

♣ Gadara

ISRAEL

Afula •

DECÁPOLIS

Río Jordán

Mte. Gilboa

SAMARIA ▲

Cisjordania

JORDANIA

Irbid •

| 0 | 5 | 10 | mi |
| 0 | 5 | 10 | 15 | km |

NACIMIENTO Y NIÑEZ

1	El nacimiento de Juan el Bautista es anunciado a Zacarías.	Lucas 1:5-25	Jerusalén
2	El nacimiento de Jesús es anunciado a María.	Lucas 1:26-38	Nazaret
3	María visita a Elisabet.	Lucas 1:39-56	Judea
4	Nace Juan el Bautista.	Lucas 1:57-80	Judea
5	El ángel Gabriel le dice a José que se case con María.	Mateo 1:18-25	Nazaret
6	Nace Jesús.	Lucas 2:1-21	Belén
7	Jesús es dedicado en el templo.	Lucas 2:22-38	Jerusalén
8	Los reyes magos del oriente visitan a Jesús.	Mateo 2:1-12	Belén
9	José, María y Jesús escapan a Egipto.	Mateo 2:13-18	Egipto
10	José, María y Jesús regresan a Israel.	Mateo 2:19-23	Nazaret
11	Jesús (de 12 años) asombra a los maestros en el templo.	Lucas 2:41-52	Jerusalén

MINISTERIO TEMPRANO

12	Juan el Bautista prepara el camino.	Juan 1:19-28; 3:23	Cerca de Salim; Betania^
13	Juan bautiza a Jesús.	Mateo 3:13-17	Río Jordán; Betania^*
14	Jesús resiste las tentaciones de Satanás.	Lucas 4:1-13	Desierto; Judea*
15	Jesús reúne discípulos.	Juan 1:43-51	Betsaida
16	Primer milagro: Jesús convierte agua en vino.	Juan 2:1-12	Caná
17	Jesús despeja el templo.	Juan 2:13-25	Jerusalén
18	Nicodemo y Jesús conversan.	Juan 3:1-21	Jerusalén
19	Herodes Antipas encarcela a Juan el Bautista.	Lucas 3:19-20	Maqueronte*
20	Jesús se encuentra con la mujer samaritana en el pozo.	Juan 4:1-42	Sicar

MINISTERIO PRIMERAMENTE EN GALILEA

21	Jesús predica la Buena Noticia.	Marcos 1:14-15	Galilea
22	Jesús sana al hijo de un oficial que estaba en Capernaúm.	Juan 4:46-54	Caná
23	Jesús llama a sus discípulos a seguirlo.	Mateo 4:18-25	Mar de Galilea
24	Jesús expulsa un espíritu impuro de un hombre.	Lucas 4:31-37	Capernaúm
25	Jesús sana a la suegra de Pedro.	Marcos 1:29-34	Capernaúm
26	Jesús sana a un hombre con lepra.	Lucas 5:12-16	Galilea
27	Jesús sana a un hombre paralítico.	Marcos 2:1-12	Capernaúm
28	Jesús llama a Mateo (Leví) y cena con «pecadores».	Marcos 2:1, 13-17	Capernaúm
29	Jesús sana a un hombre en el día de descanso.	Juan 5:1-15	Jerusalén; estanque de Betesda
30	Grandes multitudes buscan a Jesús para ser sanadas.	Marcos 3:7-12	Galilea
31	Jesús nombra a los doce discípulos.	Marcos 3:13-19	Galilea
32	El Sermón del monte: enseñanzas sobre el reino de Dios.	Mateo 5:1–7:29	Monte de las bienaventuranzas*
33	Jesús sana al esclavo de un oficial.	Lucas 7:1-10	Capernaúm
34	Jesús resucita al hijo de una viuda.	Lucas 7:11-17	Naín
35	Una mujer «pecadora» unge a Jesús.	Lucas 7:36-50	Galilea
36	Jesús enseña en parábolas.	Mateo 13:1-34	Mar de Galilea
37	Jesús calma una tormenta.	Lucas 8:22-25	Mar de Galilea
38	Jesús expulsa demonios de un hombre a unos cerdos.	Marcos 5:1-20	Región de los gadarenos/Gergesa*
39	Jesús resucita a la hija de Jairo y sana a una mujer.	Marcos 5:21-43	Galilea
40	Jesús sana a hombres ciegos y a un hombre que no habla.	Mateo 9:27-34	Galilea
41	Una multitud en la ciudad natal de Jesús lo rechaza.	Lucas 4:16-30	Nazaret
42	Jesús envía a los doce discípulos.	Marcos 6:7-13	Galilea
43	Herodes Antipas ejecuta a Juan el Bautista.	Marcos 6:14-29	Maqueronte*
44	Jesús alimenta a los 5000.	Lucas 9:10-17	Betsaida
45	Jesús camina sobre el agua.	Mateo 14:22-36	Mar de Galilea; Genesaret
46	Jesús enseña sobre el pan de vida.	Juan 6:22-71	Capernaúm
47	Jesús sana a la hija de una mujer cananea.	Mateo 15:21-28	Región de Tiro y Sidón
48	Jesús sana a un hombre sordo y con defecto del habla.	Marcos 7:31-37	Decápolis
49	Jesús alimenta a los 4000.	Marcos 8:1-10	Galilea
50	Jesús sana a un hombre ciego.	Marcos 8:22-26	Betsaida

* Ubicación tradicional donde ocurrió el evento, pero el lugar no se menciona específicamente en la Biblia.

^ Se refiere a Betania «al oriente del río Jordán» (Juan 1:28), no a Betania cerca de Jerusalén.

51	Pedro llama a Jesús el Mesías/Cristo.	Mateo 16:13-20	Cerca de Cesarea de Filipo
52	Transfiguración: Jesús es visto en gloria.	Marcos 9:2-13	Mte. Tabor*; Mte. Hermón*
53	Jesús sana a un muchacho endemoniado.	Mateo 17:14-21	Galilea
54	Jesús predice su muerte y resurrección.	Mateo 17:22-23	Galilea
55	Jesús enseña sobre el reino de Dios.	Mateo 17:24–18:35	Capernaúm

MINISTERIO EN JUDEA Y PEREA

56	Jesús se dirige hacia Jerusalén.	Marcos 10:1	Perea («al oriente del río Jordán»)
57	Jesús enseña en el templo.	Juan 7:14-52	Jerusalén
58	Jesús perdona a una mujer sorprendida en adulterio.	Juan 7:53–8:11	Jerusalén
59	Los fariseos y Jesús debaten en el templo.	Juan 8:12-58	Jerusalén
60	Jesús les enseña a Marta y a María.	Lucas 10:38-42	Betania
61	Jesús sana a un hombre ciego de nacimiento.	Juan 9:1-41	Jerusalén; estanque de Siloé
62	Jesús dice que él es el Buen Pastor.	Juan 10:1-21	Jerusalén
63	Algunos intentan matar a Jesús por blasfemia.	Juan 10:22-39	Jerusalén
64	Muchos creen en Jesús.	Juan 10:40-42	Perea («al oriente del río Jordán»)
65	Jesús resucita a Lázaro.	Juan 11:1-44	Betania
66	Jesús se queda con los discípulos.	Juan 11:45-57	Efraín
67	Jesús sana a diez hombres con lepra.	Lucas 17:11-19	Samaria; Galilea
68	Jesús predice su muerte y resurrección.	Mateo 20:17-19	Camino a Jerusalén
69	Jesús sana la ceguera de Bartimeo.	Marcos 10:46-52	Jericó
70	Jesús visita a Zaqueo, el cobrador de impuestos.	Lucas 19:1-27	Jericó
71	María unge a Jesús con un perfume caro.	Juan 12:1-11	Betania

LA ÚLTIMA SEMANA DE JESÚS

72	La Entrada Triunfal: Jesús entra a Jerusalén.	Lucas 19:28-44	Betfagé; Betania
73	Jesús despeja el templo.	Mateo 21:12-17	Atrio del templo
74	Jesús maldice la higuera.	Marcos 11:12-14, 20	Betania
75	Jesús alaba la ofrenda de una viuda.	Lucas 21:1-4	Atrio del templo
76	El Sermón del monte de los olivos: Jesús les enseña a sus discípulos	Mateo 24–25	Monte de Olivos
77	Jesús lava los pies de sus discípulos.	Juan 13:1-17	Aposento Alto
78	La Última Cena: Jesús explica el nuevo pacto.	Lucas 22:7-30	Aposento Alto
79	Jesús predice las negaciones de Pedro.	Marcos 14:26-31	Monte de Olivos
80	Jesús le ora al Padre.	Mateo 26:36-46	Getsemaní
81	Judas traiciona a Jesús, y Jesús es arrestado.	Lucas 22:47-53	Getsemaní
82	Jesús es sometido a juicio ante Anás.	Juan 18:12-13	Jerusalén
83	Jesús es sometido a juicio ante Caifás y el Sanedrín.	Mateo 26:57-68	Casa de Caifás
84	Pedro niega a Jesús.	Mateo 26:69-75	Atrio exterior/casa de Caifás
85	El Sanedrín condena a Jesús.	Mateo 27:1-2	Casa de Caifás*
86	Jesús es sometido a juicio ante Pilato.	Lucas 23:1-5	Palacio de Herodes*
87	Pilato envía a Jesús ante Herodes Antipas.	Lucas 23:6-12	Palacio de Herodes Antipas
88	Pilato sentencia a Jesús a la muerte.	Mateo 27:11-26	Palacio de Herodes*
89	Soldados golpean a Jesús; se burlan de él con una corona de espinos.	Marcos 15:16-20	Pretorio
90	Jesús es crucificado y muere en la cruz.	Juan 19:16-37	Gólgota
91	El cuerpo de Jesús es colocado en la tumba.	Juan 19:38-42	Cerca del Gólgota

APARICIONES Y ASCENSIÓN

92	Las mujeres encuentran la tumba vacía.	Mateo 28:1-10	Cerca del Gólgota
93	Jesús habla con María Magdalena.	Juan 20:11-18	Cerca del Gólgota
94	Jesús camina con dos discípulos en el camino a Emaús.	Lucas 24:13-35	Emaús
95	Jesús se les aparece a sus discípulos.	Lucas 24:36-49	Jerusalén
96	Jesús se les aparece a Tomás y a otros discípulos.	Juan 20:24-29	Jerusalén
97	Jesús come con sus discípulos después de una pesca milagrosa.	Juan 21:1-14	Mar de Galilea
98	Jesús restaura a Pedro.	Juan 21:15-25	Mar de Galilea
99	La gran comisión: Hagan discípulos de todas las naciones.	Mateo 28:16-20	Galilea
100	La Ascensión: Jesús asciende al cielo.	Hechos 1:3-12	Monte de Olivos

Aunque los eruditos difieren en cuanto a la secuencia precisa de eventos, hemos procurado asegurar que el material aquí presentado sea consistente con interpretaciones generalmente aceptadas de la cronología básica en los Evangelios.

El recorrido de Jesús hacia la cruz

➤ Después de la última cena en el aposento alto, Jesús ora en el huerto de Getsemaní, donde también es arrestado. Lc 22:7-30; Mt 26:36-56

➤ Jesús es juzgado por Anás (lugar desconocido), luego por el sumo sacerdote Caifás y el Sanedrín en la casa de Caifás. Jn 18:12-13, 19-24; Mt 26:57-68

➤ Jesús es juzgado por Pilato en el palacio de Herodes. Lc 23:1-5

➤ Pilato envía a Jesús a Herodes Antipas, quien envía a Jesús de nuevo a Pilato. Pilato entonces sentencia a Jesús para que sea crucificado. Lc 23:6-12; Mt 27:11-26

➤ En el pretorio, los soldados golpean a Jesús y se burlan de él. Jesús es crucificado en el Gólgota y colocan su cuerpo en una tumba cercana. Mc 15:16-20; Jn 19:16-42

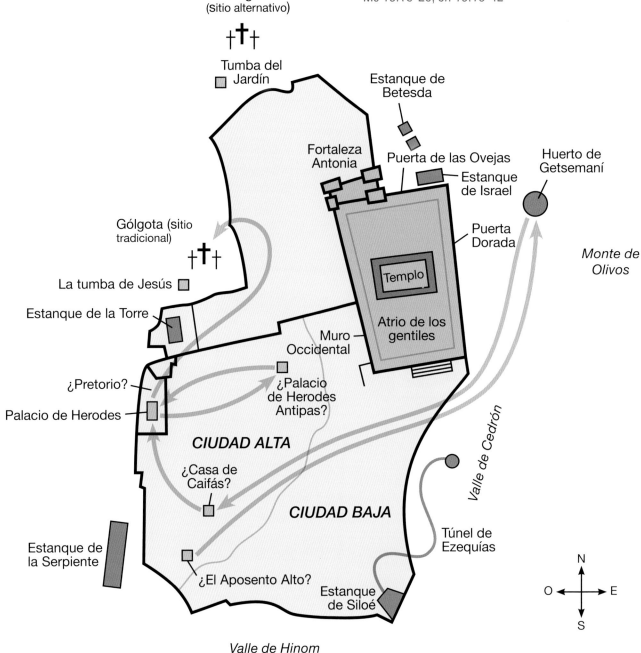

Gólgota
(Sitio alternativo)

Tumba del
Jardín

Estanque de
Betesda

Fortaleza
Antonia

Puerta de las Ovejas

Huerto de
Getsemaní

Estanque
de Israel

Gólgota (sitio
tradicional)

Puerta
Dorada

Monte de
Olivos

La tumba de Jesús

Templo

Estanque de la Torre

Muro
Occidental

Atrio de los
gentiles

¿Pretorio?

¿Palacio
de Herodes
Antipas?

Palacio de Herodes

CIUDAD ALTA

Valle de Cedrón

¿Casa de
Caifás?

CIUDAD BAJA

Estanque de
la Serpiente

Túnel de
Ezequías

¿El Aposento Alto?

Estanque
de Siloé

N
O ← → E
S

Valle de Hinom

La tumba de Jesús

Según Juan 19:41, Jesús fue sepultado en un sepulcro que pertenecía a José de Arimatea, hombre destacado y uno de sus seguidores. Así se cumplió la profecía de Isaías 53:9 que señalaba que el Mesías estaría entre los ricos en su muerte.

Después del 135 d. C., el emperador romano Adriano destruyó la tumba considerada por los primeros cristianos propiedad de José de Arimatea. Este dibujo se basa en un promedio de las medidas de 61 «piedras rodantes» de otras tumbas encontradas en el Cercano Oriente, como lo documenta el Dr. E. L. Nitowski.

Estas tumbas se cavaban en la roca y solo las familias adineradas podían costeárselas. Se usaron durante 200 años. El cadáver se ponía sobre el «banco» para acondicionarlo y, posteriormente, se introducía en un nicho llamado *kokh*. Con el tiempo, cuando la naturaleza transformaba el cuerpo en un esqueleto, los huesos se colocaban en pequeños cofres de piedra llamados osarios.

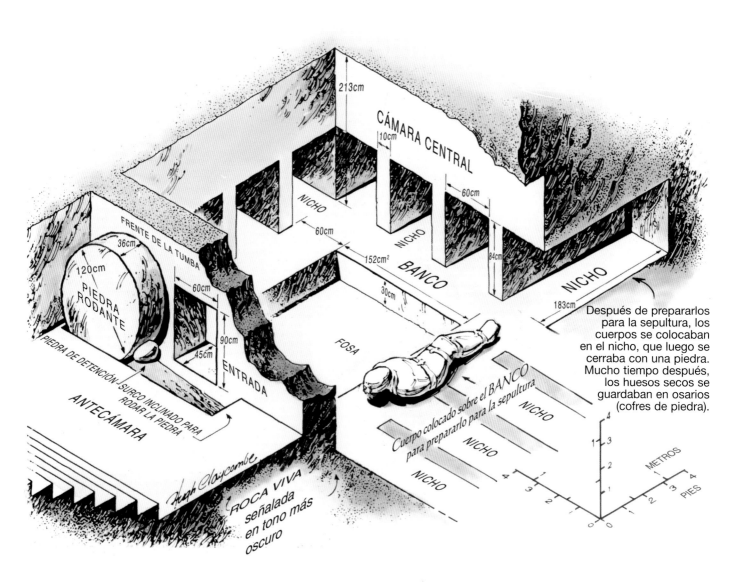

Después de prepararlos para la sepultura, los cuerpos se colocaban en el nicho, que luego se cerraba con una piedra. Mucho tiempo después, los huesos secos se guardaban en osarios (cofres de piedra).

Herodes el Grande (reinado del 37 al 4 a. C.) reedificó el templo y sus muros, construyó un palacio, una fortaleza, un teatro y un hipódromo (estadio) para carreras de carros y de caballos. Durante su reinado, la ciudad alcanzó su apogeo de belleza arquitectónica y de expresión cultural romana. Se convirtió en la Jerusalén de la época de Jesús.

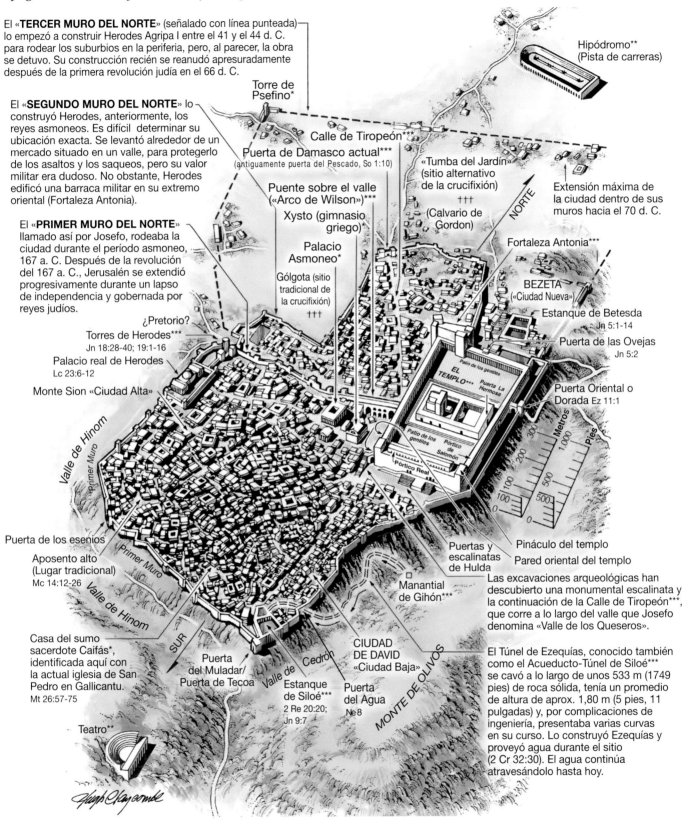

El «**TERCER MURO DEL NORTE**» (señalado con línea punteada) lo empezó a construir Herodes Agripa I entre el 41 y el 44 d. C. para rodear los suburbios en la periferia, pero, al parecer, la obra se detuvo. Su construcción recién se reanudó apresuradamente después de la primera revolución judía en el 66 d. C.

El «**SEGUNDO MURO DEL NORTE**» lo construyó Herodes, anteriormente, los reyes asmoneos. Es difícil determinar su ubicación exacta. Se levantó alrededor de un mercado situado en un valle, para protegerlo de los asaltos y los saqueos, pero su valor militar era dudoso. No obstante, Herodes edificó una barraca militar en su extremo oriental (Fortaleza Antonia).

El «**PRIMER MURO DEL NORTE**» llamado así por Josefo, rodeaba la ciudad durante el período asmoneo, 167 a. C. Después de la revolución del 167 a. C., Jerusalén se extendió progresivamente durante un lapso de independencia y gobernada por reyes judíos.

Torre de Psefino*

Hipódromo** (Pista de carreras)

Calle de Tiropeón***

Puerta de Damasco actual*** (antiguamente puerta del Pescado, So 1:10)

Puente sobre el valle («Arco de Wilson»)***

Xysto (gimnasio griego)*

Palacio Asmoneo*

Gólgota (sitio tradicional de la crucifixión) †††

«Tumba del Jardín» (sitio alternativo de la crucifixión) ††† (Calvario de Gordon)

NORTE

Extensión máxima de la ciudad dentro de sus muros hacia el 70 d. C.

Fortaleza Antonia***

BEZETA («Ciudad Nueva»)

Estanque de Betesda Jn 5:1-14

Puerta de las Ovejas Jn 5:2

EL TEMPLO*** Puerta La Hermosa

Patio de los gentiles

Puerta Oriental o Dorada Ez 11:1

¿Pretorio? Torres de Herodes*** Jn 18:28-40; 19:1-16

Palacio real de Herodes Lc 23:6-12

Monte Sion «Ciudad Alta»

Valle de Hinom

Primer Muro

Patio de los gentiles

Pórtico de Salomón

Pórtico Real

Metros 300 200 100

Pies 1,000 500

Puerta de los esenios

Aposento alto (Lugar tradicional) Mc 14:12-26

Primer Muro

Valle de Hinom

SUR

Casa del sumo sacerdote Caifás*, identificada aquí con la actual iglesia de San Pedro en Gallicantu. Mt 26:57-75

Teatro**

Puerta del Muladar/ Puerta de Tecoa

Valle de Cedrón

Estanque de Siloé*** 2 Re 20:20; Jn 9:7

Puerta del Agua Ne 8

CIUDAD DE DAVID «Ciudad Baja»

Manantial de Gihón***

MONTE DE OLIVOS

Pináculo del templo Pared oriental del templo

Puertas y escalinatas de Hulda

Las excavaciones arqueológicas han descubierto una monumental escalinata y la continuación de la Calle de Tiropeón***, que corre a lo largo del valle que Josefo denomina «Valle de los Queseros».

El Túnel de Ezequías, conocido también como el Acueducto-Túnel de Siloé*** se cavó a lo largo de unos 533 m (1749 pies) de roca sólida, tenía un promedio de altura de aprox. 1,80 m (5 pies, 11 pulgadas) y, por complicaciones de ingeniería, presentaba varias curvas en su curso. Lo construyó Ezequías y proveyó agua durante el sitio (2 Cr 32:30). El agua continúa atravesándolo hasta hoy.

A menos que se indique el nombre o la ubicación, los edificios, las calles y los caminos que aparecen aquí son una reconstrucción artística. En general, aún se desconoce la altura de los muros, excepto la de los que rodean el Monte del Templo.

* Ubicación generalmente desconocida, pero con estilo arquitectónico acreditado; reconstrucción según concepto del dibujante y arquitectura romana de la época.

** Ubicación y arquitectura desconocidas, pero hay fuentes históricas que mencionan el hipódromo y el teatro; presentados aquí con fines ilustrativos.

*** Existen vestigios arqueológicos o las pruebas han determinado su aspecto.

EPÍSTOLA	AUTOR	FECHA	DESTINO	NOTORIO
SANTIAGO	Santiago	49 d. C.	Desconocido	Santiago fue el hermano de Jesús y uno de los primeros líderes de la iglesia. Fue martirizado en Jerusalén en el 62 d. C.
GÁLATAS	Pablo	49 d. C.	Galacia	Desde Antioquía en Siria, Pablo les escribió esta carta a las iglesias en Galacia.
1 TESALONICENSES	Pablo	50–51 d. C.	Tesalónica	Pablo y Silas habían sido forzados a dejar Tesalónica por una multitud enfurecida (Hch 17:1-10).
2 TESALONICENSES	Pablo	50–51 d. C.	Tesalónica	Pablo escribió esta carta unos seis meses después de su primera carta a los creyentes tesalonicenses.
1 CORINTIOS	Pablo	55–56 d. C.	Corinto	Pablo había fundado la iglesia corintia solo unos años antes durante su segundo viaje misionero (Hch 18:1-11).
2 CORINTIOS	Pablo	56 d. C.	Corinto	Esta es la carta más personal de Pablo, escrita poco después de 1 Corintios.
ROMANOS	Pablo	57 d. C.	Roma	Pablo escribió esta carta justo antes de irse a Jerusalén, donde fue arrestado y finalmente llevado a Roma encadenado.
EFESIOS	Pablo	60–62 d. C.	Éfeso	Pablo había pasado dos años ministrando en Éfeso durante su tercer viaje misionero.
FILIPENSES	Pablo	60–62 d. C.	Filipos	Se cree que Filipenses, Éfeso, Colosenses y Filemón se escribieron mientras Pablo estaba bajo arresto domiciliario en Roma.
COLOSENSES	Pablo	60–62 d. C.	Colosas	La intención era que esta carta también fuera leída por la iglesia cercana en Laodicea (Col 4:16).
FILEMÓN	Pablo	60–62 d. C.	Colosas	Filemón fue un líder en la iglesia de Colosas. Es probable que esta carta para él haya sido enviada con la carta de Pablo a los Colosenses.
1 TIMOTEO	Pablo	62–66 d. C.	Éfeso	Timoteo era un pastor joven en Éfeso y compañero ministerial cercano de Pablo.
1 Y 2 PEDRO	Pedro	64 d. C.	Asia Menor	Estas cartas seguidas fueron escritas poco antes de que Pedro fuera martirizado en Roma.
TITO	Pablo	64–66 d. C.	Creta	Tito fue un converso gentil que viajó con Pablo y lideró las iglesias en Creta.
2 TIMOTEO	Pablo	66–67 d. C.	Éfeso	Esta segunda carta a Timoteo fue la última epístola de Pablo, escrita poco antes de que fuera martirizado en Roma.
HEBREOS	Desconocido	60–69 d. C.	Desconocido	Se sabe poco de este libro, pero se cree que fue escrito por judíos cristianos.
JUDAS	Judas	60–80s d. C.	Desconocido	Puede que Judas haya sido el hermano de Jesús que se menciona en Mateo 13:55.
1, 2 Y 3 JUAN	Juan	85–95 d. C.	Asia Menor	Estas tres cartas breves fueron escritas por el apóstol Juan en su vejez. Juan también escribió el libro del Apocalipsis.

Las fechas que se muestran aquí proveen un periodo de tiempo estimativo en el cual se escribió la epístola.

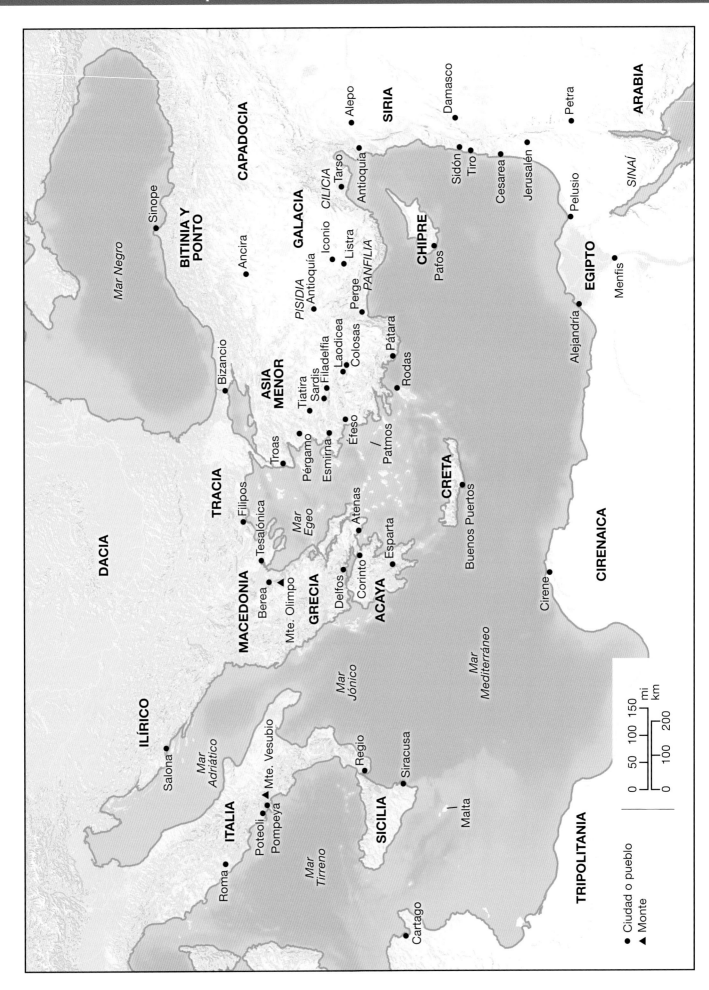

ARABIA

SIRIA

Damasco

Petra

Alepo

CAPADOCIA

Tarso

CILICIA

Sidón

Tiro

SINAÍ

Antioquía

Cesarea

Jerusalén

BITINIA Y
PONTO

GALACIA

Pelusio

Sinope

Iconio

Ancira

PANFILIA

CHIPRE

EGIPTO

Mar Negro

PISIDIA

Listra

Antioquía

Perge

Pafos

Menfis

Bizancio

Colosas

Pátara

Alejandría

ASIA
MENOR

Tiatira

Sardis

Filadelfia

Laodicea

Rodas

Pérgamo

Esmirna

Éfeso

Patmos

Troas

CRETA

CIRENAICA

TRACIA

Filipos

Atenas

Buenos Puertos

Tesalónica

Mar
Egeo

Esparta

DACIA

Berea

Delfos

Corinto

ACAYA

Cirene

Mte. Olimpo

GRECIA

MACEDONIA

Mar
Mediterráneo

ILÍRICO

Mar
Jónico

Salona

Mar
Adriático

Regio

Siracusa

mi
km

Mte. Vesubio

150

ITALIA

Poteoli

Pompeya

Malta

200

SICILIA

100

100

Roma

Mar
Tirreno

50

TRIPOLITANIA

0

Cartago

0

• Ciudad o pueblo
▲ Monte

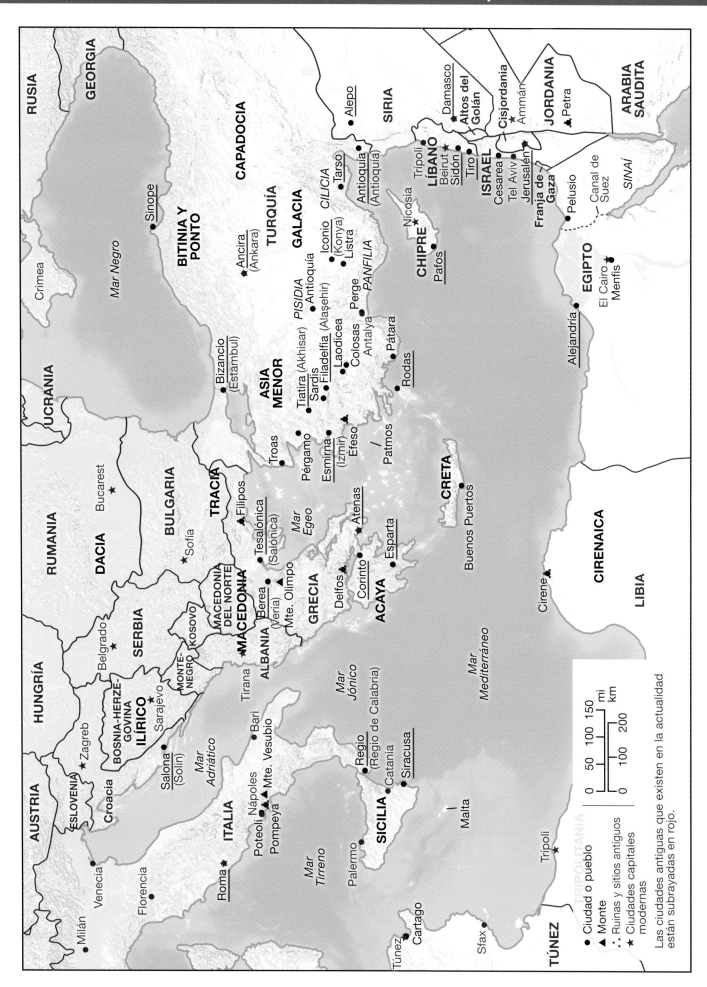

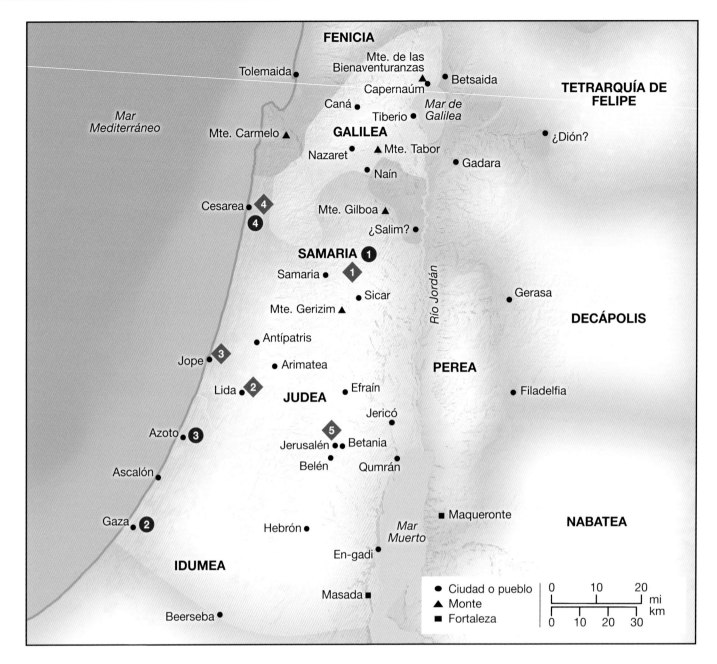

Felipe

1 Felipe predica el evangelio en la región de Samaria.
Hechos 8:4-13

2 Felipe bautiza a un oficial etíope en el camino de Jerusalén a Gaza.
Hechos 8:26-38

3 Felipe es «arrebatado» por el Espíritu Santo y aparece en Azoto.
Hechos 8:39-40

4 Felipe predica el evangelio desde Azoto hasta Cesarea.
Hechos 8:40

Pedro

1 Pedro y Juan confrontan a Simón, un hechicero en Samaria, y luego regresan a Jerusalén.
Hechos 8:14-25

2 Pedro sana a Eneas, un hombre paralítico en Lida.
Hechos 9:32-35

3 Pedro resucita a Tabita (Dorcas) en Jope.
Hechos 9:36-43

4 Pedro le trae el evangelio a Cornelio, un oficial y gentil de Cesarea.
Hechos 10:1-48

5 Pedro regresa a Jerusalén.
Hechos 11:1-22

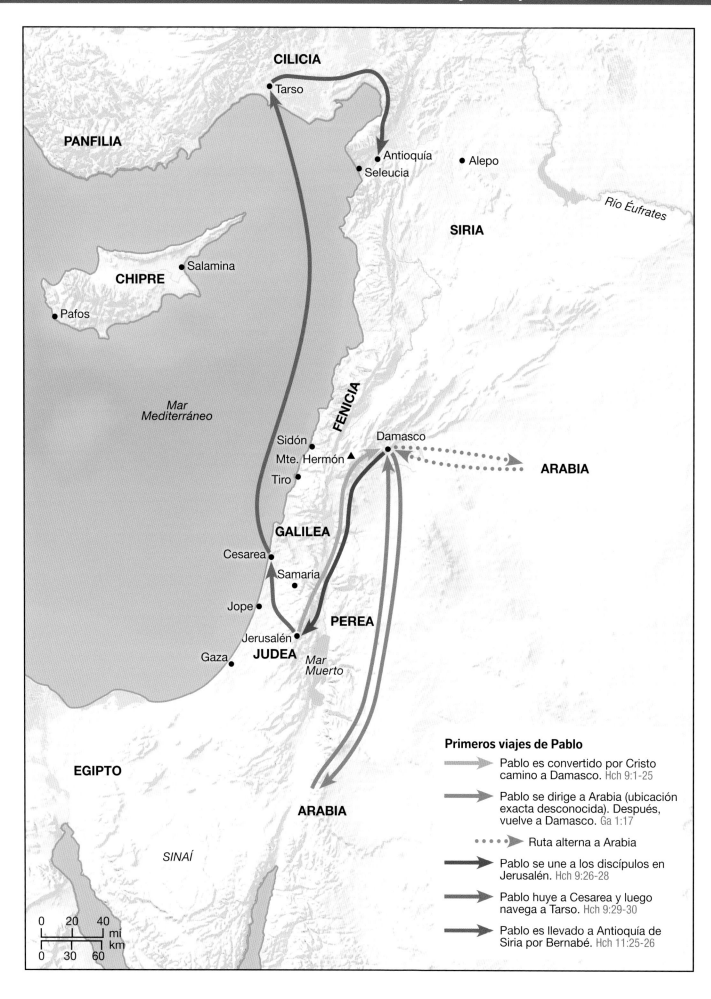

CILICIA

Tarso

PANFILIA

Antioquía
• Alepo

Seleucia

SIRIA

Río Éufrates

Salamina

CHIPRE

Pafos

Mar
Mediterráneo

FENICIA

Sidón

Damasco

Mte. Hermón ▲

ARABIA

Tiro

GALILEA

Cesarea

Samaria

Jope •

PEREA

Jerusalén •

JUDEA

Gaza •

Mar
Muerto

EGIPTO

ARABIA

SINAÍ

Primeros viajes de Pablo

Pablo es convertido por Cristo
camino a Damasco. Hch 9:1-25

Pablo se dirige a Arabia (ubicación
exacta desconocida). Después,
vuelve a Damasco. Ga 1:17

Ruta alterna a Arabia

Pablo se une a los discípulos en
Jerusalén. Hch 9:26-28

Pablo huye a Cesarea y luego
navega a Tarso. Hch 9:29-30

Pablo es llevado a Antioquía de
Siria por Bernabé. Hch 11:25-26

0   20   40
mi
km
0   30   60

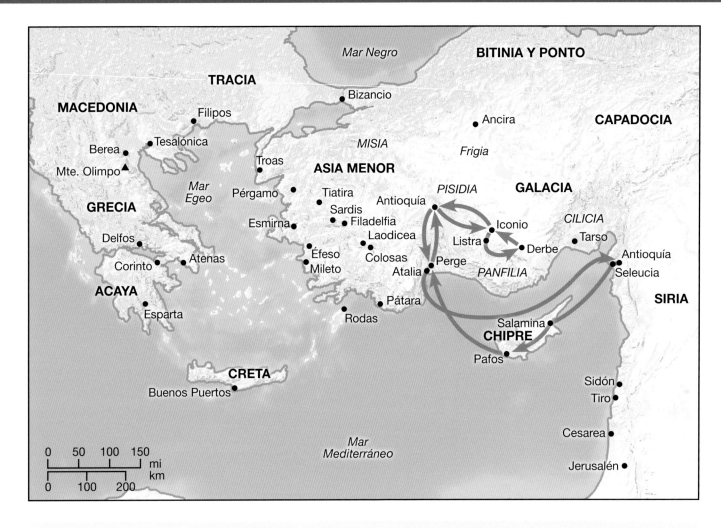

Viajeros: Pablo, Bernabé, Juan Marcos   **Distancia:** 1400 mi (2300 km)   **Fechas:** 47–49 d. C.

◎ **Antioquía de Siria:** El Espíritu Santo envía a Pablo y a Bernabé a ser misioneros. Juan Marcos los acompaña como su ayudante. Hechos 13:1-4

◎ **Pafos:** Pablo confronta a un hechicero y lo ciega. Hechos 13:5-12

◎ **Perge:** Juan Marcos deja el grupo y regresa a Jerusalén. Hechos 13:13

◎ **Antioquía de Pisidia:** Pablo predica su sermón más largo que se ha registrado, y muchos se vuelven creyentes. Líderes judíos echan a Pablo y a Bernabé de la ciudad, y el Señor llama a Pablo a enfocarse en su ministerio a los gentiles. Hechos 13:14-52

◎ **Iconio:** Un complot para apedrear a Pablo y a Bernabé los obliga a huir de la ciudad. Hechos 14:1-7

◎ **Listra:** Cuando Pablo sana a un hombre lisiado, la multitud local cree que él y Bernabé son dioses griegos. Judíos de Antioquía e Iconio alborotan a la multitud, y Pablo es apedreado y abandonado afuera de la ciudad. Pero él sobrevive y vuelve a la ciudad. Hechos 14:8-20

◎ **Derbe:** Se agregan muchos discípulos a la iglesia. Hechos 14:20-21

◎ **Derbe a Antioquía de Siria:** En el viaje de regreso, Pablo y Bernabé nombran ancianos en las iglesias que habían establecido. Hechos 14:21-25

◎ **Antioquía de Siria:** Pablo y Bernabé reportan todo lo que Dios ha hecho. Hechos 14:26-28

Las fechas y las distancias de todos los viajes de Pablo son aproximadas; las rutas de viaje pueden variar.

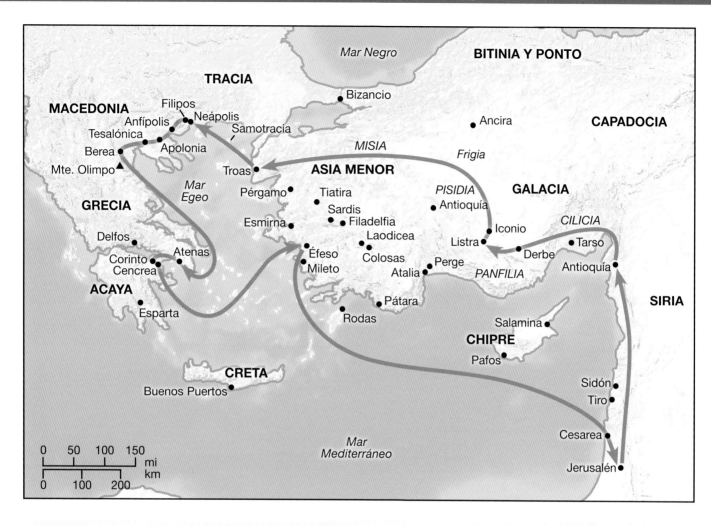

Viajeros: Pablo, Silas, Timoteo, Lucas, Priscila y Aquila   **Distancia**: 2800 mi (4500 km)   **Fechas**: 49–51 d. C.

◉ **Antioquía de Siria:** Pablo y Bernabé no están de acuerdo sobre quién debería ir con ellos. Bernabé se lleva a Juan Marcos con él a Chipre. Pablo se lleva a Silas. Hechos 15:36-40

◉ **Cilicia:** Pablo y Silas entregan una carta de la iglesia de Jerusalén. Hechos 15:22-29, 41

◉ **Listra:** Timoteo se les une. Hechos 16:1-7

◉ **Troas:** Pablo se dirige a Macedonia después de recibir una visión de un hombre de ahí. Hechos 16:8-10

◉ **Filipo:** Lidia se hace cristiana. Cuando una joven esclava que adivina el futuro también se hace cristiana, sus dueños se alborotan. Pablo y Silas son encarcelados. El carcelero también se hace creyente. Hechos 16:11-40

◉ **Tesalónica:** Una multitud en Tesalónica intenta arrestar a Pablo y a Silas. Hechos 17:1-9

◉ **Berea:** Silas y Timoteo se quedan en Berea mientras Pablo sigue adelante. Hechos 17:10-15

◉ **Atenas:** Pablo ve un altar a un dios desconocido y les predica a los filósofos en Areópago (colina de Marte). Hechos 17:16-34

◉ **Corinto:** Silas y Timoteo se reencuentran con Pablo. Él conoce a Priscila y Aquila, quienes también se le unen. Hechos 18:1-17

◉ **Cencrea:** Pablo se rapa la cabeza porque ha cumplido un voto. Hechos 18:18

◉ **Éfeso:** Pablo establece una iglesia y la deja en manos de Priscila y Aquila. Hechos 18:19-21

◉ **Antioquía de Siria:** Pablo regresa a su hogar en Antioquía pasando por Jerusalén. Hechos 18:22

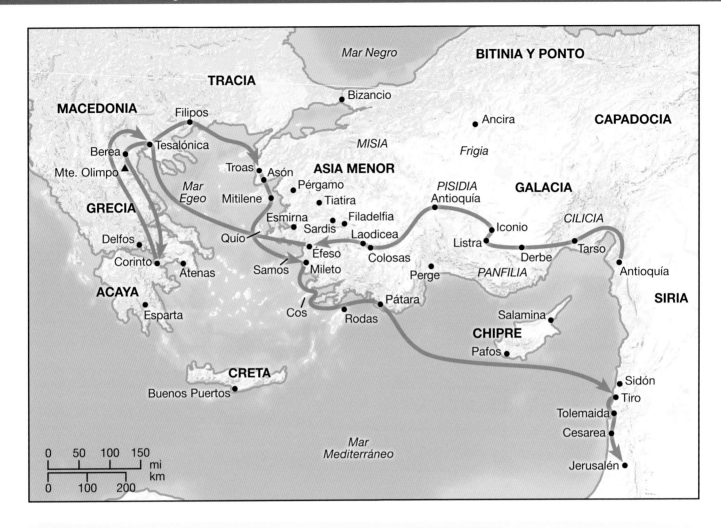

Viajeros: Pablo, Timoteo, Lucas y otros   **Distancia:** 2700 mi (4300 km)   **Fechas:** 52–57 d. C.

◉ **Galacia y Frigia:** Pablo visita iglesias en esta región. Hechos 18:23

◉ **Éfeso:** Pablo permanece en Éfeso por dos años. Tanta gente se convierte al cristianismo que los plateros que fabrican ídolos inician una revuelta. Hechos 19:1-41

◉ **Macedonia y Grecia:** Pablo les da palabras de ánimo a los creyentes de esta región. Se queda por tres meses. Hechos 20:1-3

◉ **Troas:** Mientras Pablo está predicando, un joven se queda dormido, se cae de una ventana del tercer piso y se muere. Pablo lo resucita. Hechos 20:4-12

◉ **Mileto:** Ancianos de Éfeso se encuentran con el barco en Mileto y Pablo les dice que anticipa ser encarcelado en Jerusalén. Hechos 20:13-38

◉ **Tiro:** Los creyentes le advierten a Pablo que no vaya a Jerusalén. Hechos 21:1-6

◉ **Cesarea:** Un profeta predice que Pablo será encarcelado y entregado a los gentiles. Hechos 21:7-16

◉ **Jerusalén:** Pablo y su equipo se presentan ante los líderes de la iglesia, quienes lo instan a participar en un ritual de purificación en el templo para contrarrestar rumores de que el cristianismo está en contra de los judíos. Hechos 21:17-26

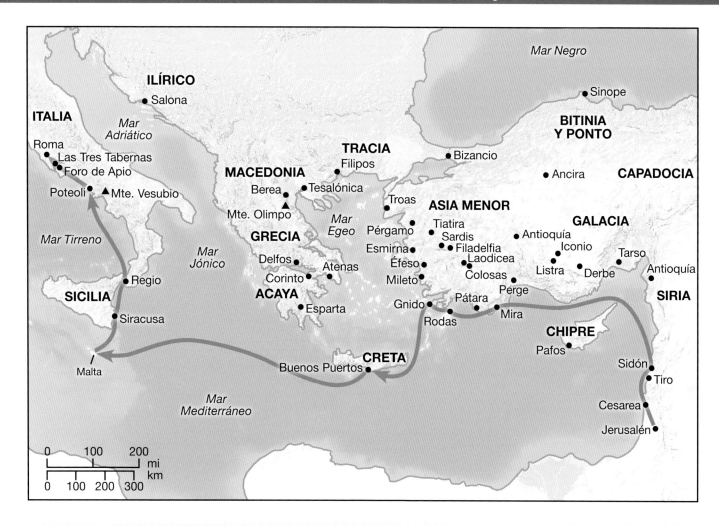

Viajeros: Pablo, los guardias romanos, Lucas y otros

Distancia: 2200 mi (3500 km)

Fechas: 59–60 d. C.

◉ **Jerusalén:** Después de que Pablo es arrestado, el comandante romano se entera de una amenaza de muerte en contra de Pablo, así que organiza una escolta armada para llevar a Pablo a Cesarea. Hechos 23:12-35

◉ **Cesarea:** Pablo es juzgado por el gobernador Félix, pero Félix lo deja en prisión por dos años. Pablo es juzgado de nuevo, pero esta vez por Festo, el nuevo gobernador. Pablo exige su derecho como ciudadano romano y apela su caso ante César. Herodes Agripa II visita a Festo, y Pablo también se presenta ante él. Se decide que Pablo debe ir a Roma. Hechos 24:1–26:32

◉ **Sidón:** El oficial a cargo de Pablo le permite visitas con amigos. Entonces Pablo aborda un barco y comienza su viaje a Roma. Hechos 27:1-4

◉ **Creta:** Pablo recomienda que el barco permanezca en Buenos Puertos, pero el oficial ordena que el barco continúe. Hechos 27:5-12

◉ **Malta:** Después de una tormenta de dos semanas, son naufragados cerca de la isla de Malta. Todos en el barco llegan a tierra. Después de tres meses, zarpan de nuevo. Hechos 27:13–28:11

◉ **Poteoli:** Pablo permanece con los creyentes por una semana. Hechos 28:12-14

◉ **Foro de Apio y Tres Tabernas:** Pablo se encuentra con los creyentes de Roma. Hechos 28:15

◉ **Roma:** Pablo permanece bajo arresto domiciliario por dos años, predicando el evangelio con quien puede. Hechos 28:16-31

Las siete iglesias del Apocalipsis

✛ Éfeso

Éfeso estaba ubicada cerca del mar Egeo, proveyendo un puerto principal y una entrada para caravanas y comercio con Asia Menor y más allá. (Hoy en día, Éfeso está más al interior dados cambios naturales a la costa). La ciudad era el principal centro de adoración a la diosa Artemisa, conocida en Roma como Diana. El templo de Artemisa era una de las siete maravillas del mundo antiguo. Mucho del prestigio y de la vida de la ciudad tenía su enfoque en el templo y sus actividades. Todos los ciudadanos, incluyendo los cristianos, de seguro experimentaron presión social, cultural y legal al conformarse con esta adoración pagana.

✛ Esmirna

Esmirna paralelaba a Éfeso en riqueza, belleza y comercio, y también era un puerto importante. La adoración al emperador era central aunque el templo de Atenea también era una fuente de orgullo para la ciudad y un contribuidor considerable a la economía de la ciudad. Esmirna tenía una alta población judía, y muchos de ellos cooperaban con los líderes de la ciudad en la persecución de los cristianos, revelando con sus actos que se oponían a Dios («su sinagoga le pertenece a Satanás», Apocalipsis 2:9).

✛ Pérgamo

Pérgamo era un centro de aprendizaje, en especial de medicina, y el sitio del santuario de Asclepio, el dios de sanación. Esta ciudad era sede de una de las bibliotecas más grandes del mundo antiguo, más pequeña solo que la biblioteca de Alejandría en Egipto. Pérgamo era un centro administrativo de la provincia, famoso por su adoración al emperador y su gran altar a Zeus. Las tres ciudades principales de la provincia romana de Asia Menor —Éfeso, Esmirna y Pérgamo— competían entre sí por prominencia.

✛ Tiatira

Tiatira era un centro comercial conocido por sus muchos gremios de mercaderes: artesanos de lana y lino; fabricantes de piel, bronce y ropa exterior; tintoreros, alfareros y panaderos; y comerciantes de esclavos. Los gremios de mercaderes estaban muy vinculados con la religión pagana del área, así que es probable que se opusieran al cristianismo. Esta ciudad también era el hogar de Lidia, una distribuidora de tela púrpura y una de las primeras creyentes cristianas (Hechos 16:14, 40).

SIETE CARTAS

El Libro del Apocalipsis, escrito por el apóstol Juan, comienza con siete cartas de parte de Jesús a las siete iglesias. Estas iglesias estaban situadas en ciudades importantes de Asia Menor, y estaban conectadas por rutas de gran envergadura. En las cartas, Jesús aborda las fortalezas y las debilidades de la condición espiritual de cada una de las iglesias y les da instrucciones y promesas para quienes sean victoriosos.

✛ Sardis

Sardis fue edificada sobre una llanura, lo cual le daba importancia militar, y estaba ubicada en una estrada principal, por lo cual era un centro de comercio. Era conocida por fabricar alfombras y bienes de lana. También era la fuente de monedas de casi oro puro y plata y el comienzo de la moneda moderna. La ciudad incluía una gran sinagoga y un gimnasio/balneario que abarcaba casi cinco acres. Aunque Sardis tenía un historial de ser muy próspera, un terremoto en el 17 d. C. dejó a la ciudad con daño severo y duradero.

✛ Filadelfia

Fundada unos 150 años antes de Jesús, Filadelfia («amor fraternal») fue una ciudad comercial exitosa conocida por sus muchos templos y festivales religiosos. Estaba situada a la entrada de un valle muy fértil, pero también estaba cerca de una región con un volcán activo, lo cual la hacía propensa a tener terremotos. En el 17 d. C., la ciudad fue destruida por completo por un terremoto devastador y tuvo que ser reconstruida.

✛ Laodicea

Laodicea era una ciudad estratégica en el cruce de dos rutas comerciales importantes. Era un próspero centro comercial, conocido por sus bancos, su industria textil (en especial lana negra) y una escuela de oftalmología (destacada por un bálsamo ocular que desarrolló). La ciudad carecía de su propio suministro de agua, por lo que se construyó un acueducto para traer agua. Laodicea era tan potente en sus finanzas que, después de que un terremoto destruyó la ciudad en el 60 d. C., fue reconstruida sin ayuda imperial.

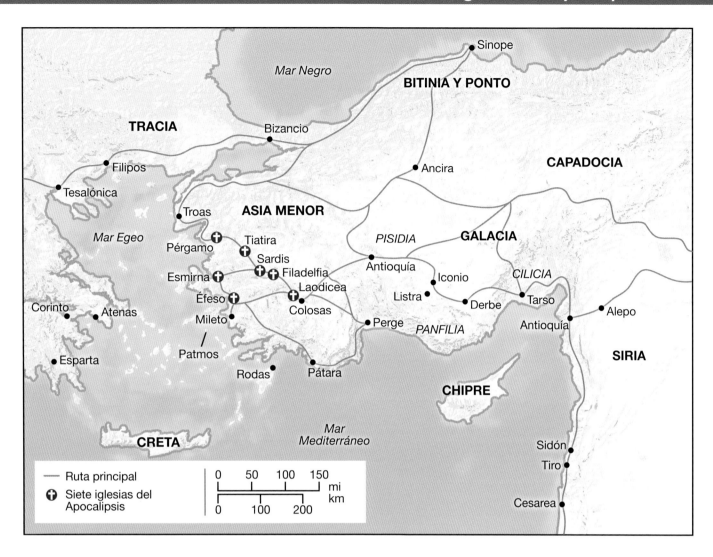

IGLESIA	FORTALEZAS	DEBILIDADES	INSTRUCCIONES	PROMESAS
ÉFESO Ap 2:1-7	Perseverancia; rechazo de apóstoles falsos	Abandonaron a su primer amor	Que hagan lo que hicieron al principio	Comerán del árbol de la vida
ESMIRNA Ap 2:8-11	Padecen sufrimiento y pobreza pero son ricos	Ninguna	Que sean fieles hasta la muerte	Recibirán la vida como una corona de victoria
PÉRGAMO Ap 2:12-17	Permanecen fieles al nombre de Cristo	Toleran a falsos maestros	Que se arrepientan	Maná oculto; un nuevo nombre
TIATIRA Ap 2:18-29	Obras, amor, fe y servicio	Toleran a falsos profetas	Que se aferren a lo que tienen	Autoridad; la estrella de la mañana
SARDIS Ap 3:1-6	Algunos han permanecido fieles	Falta de vida	Que fortalezcan lo que queda y se despierten	Caminarán con Jesús; nombre en el libro de la vida
FILADELFIA Ap 3:7-13	Obedecieron la palabra de Cristo; no negaron su nombre	Ninguna	Que se aferren a lo que tienen	No pasarán por la hora del juicio; serán un pilar en el templo de Dios
LAODICEA Ap 3:14-22	Ninguna	Ni fríos ni calientes; confían en su riqueza	Que le abran la puerta a Cristo; que compren las riquezas de Cristo	Se sentarán con Cristo en el trono de Dios

La expansión del cristianismo

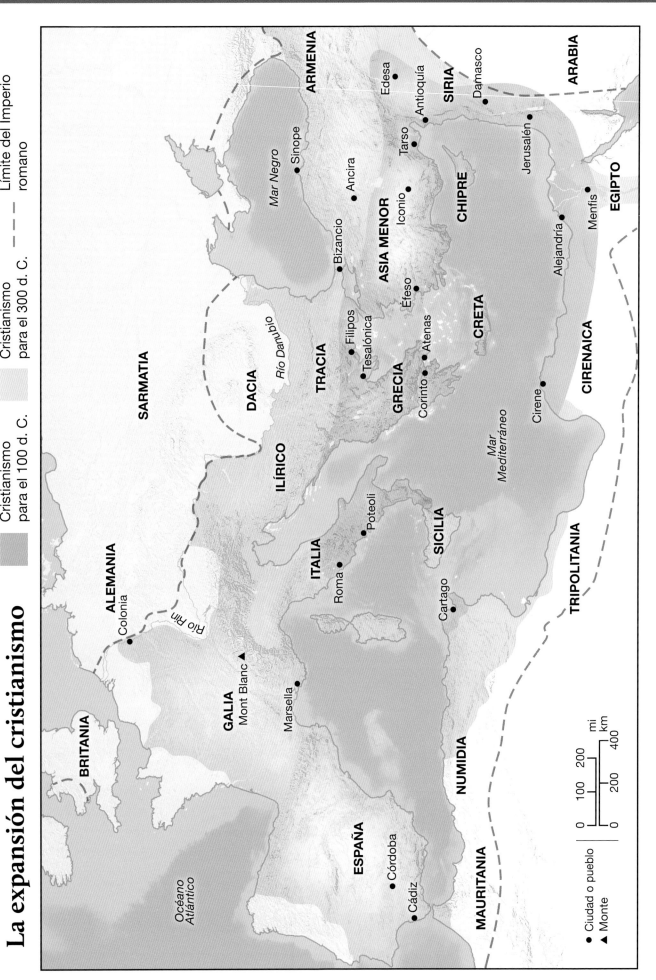

Cristianismo para el 100 d. C.

Cristianismo para el 300 d. C.

Límite del Imperio romano

- Ciudad o pueblo
- ▲ Monte

Océano Atlántico

BRITANIA

ALEMANIA
Colonia
Río Rin

GALIA
Mont Blanc ▲
Marsella

ESPAÑA
Córdoba
Cádiz

ITALIA
Roma
Poteoli

SICILIA

Cartago

NUMIDIA

MAURITANIA

TRIPOLITANIA

SARMATIA

DACIA
Río Danubio

ILÍRICO

TRACIA
Filipos
Tesalónica

GRECIA
Corinto
Atenas

Mar Negro
Sinope

Bizancio

Ancira

ASIA MENOR
Iconio
Éfeso

CRETA

Mar Mediterráneo

CIRENAICA
Cirene

ARMENIA

Edesa
Antioquía
Tarso

SIRIA
Damasco

CHIPRE

Jerusalén

Alejandría
Menfis

EGIPTO

ARABIA

mi
km
400
200
200
100
0
0

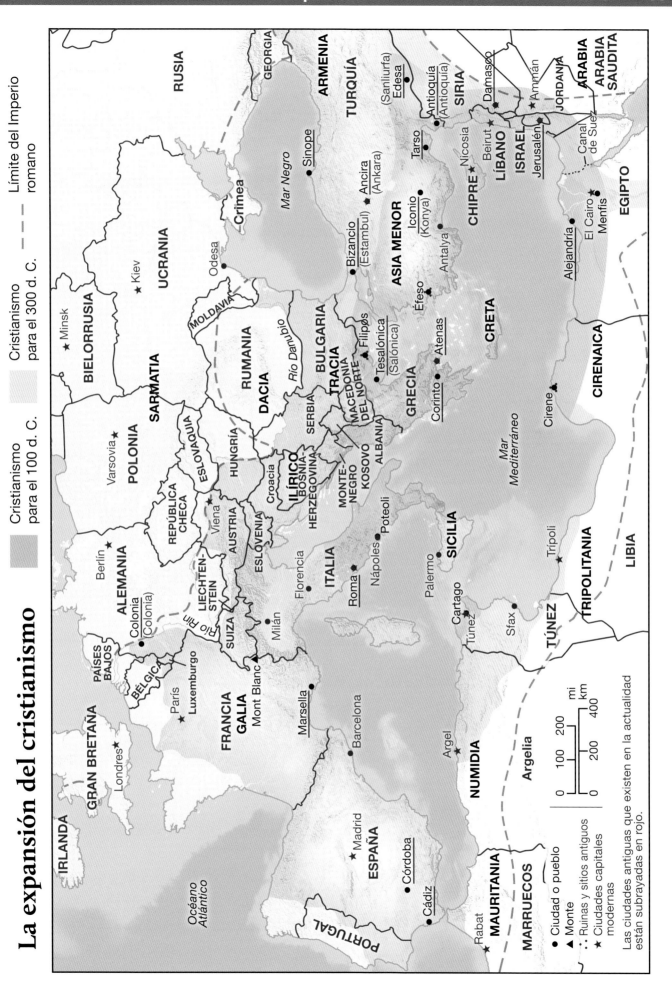

La expansión del cristianismo

¿Sabía que...?

Antiguo Testamento

- Abraham vivió más de mil años después de que la escritura cuneiforme, la forma de escritura más antigua, fuera inventada.

- Abraham era de la antigua ciudad de Ur en el sur de la Mesopotamia, cerca de la moderna cuidad Basora, Irak.

- Cuando Moisés huyó de Egipto, fue a la tierra de Madián, en la actualidad Arabia Saudita.

- El «mar Rojo» que Dios partió para Moisés y los israelitas probablemente haya sido el golfo de Suez u otro cuerpo grande de agua cerca de donde está hoy en día el canal de Suez.

- Rut era de la tierra de Moab, en la actualidad en Jordania, al este del mar Muerto.

- Es probable que el arca del pacto haya sido destruida por Babilonia junto con el templo, pero en Apocalipsis 11:19 Juan escribe sobre verla en su visión del templo de Dios.

- El gobierno de los mayas en América Central comenzó durante el mismo tiempo histórico del gobierno del rey David en Israel.

- Las aguas todavía fluyen a través del túnel de Ezequías, el cual se cree que fue cavado en el siglo VIII a. C., o incluso antes.

- Dios envió a Jonás a predicar en Nínive, la cual se encontraba en los alrededores de la ciudad moderna Mosul, Irak.

Nuevo Testamento

- Jesús fue a lugares en cuatro países modernos de la actualidad: Israel, Egipto, Jordania y Líbano.

- En el tiempo en que Jesús nació, el Imperio romano abarcaba Francia, España, Túnez, Egipto y Turquía.

- La mayoría de los doce discípulos de Jesús eran de pueblos que estaban alrededor del mar de Galilea.

- Juan el Bautista fue encarcelado y ejecutado en (probablemente) Maqueronte, el palacio/fortaleza de Herodes cerca del mar Muerto.

- El calendario de 365 días que usamos en la actualidad fue introducido apenas unos años antes del primer viaje misionero de Pablo.

- Pablo viajó como misionero a través de Siria, Turquía, Grecia e Italia.

- El templo de Artemisa en Éfeso, donde la multitud causó disturbios mientras Pablo predicaba, era una de las siete maravillas del mundo.

- Las siete iglesias de Apocalipsis estaban ubicadas a lo largo de rutas importantes en Asia Menor, en la Turquía de hoy en día.

- Para el final del siglo primero, había iglesias cristianas en Cartago (Túnez), Edesa (Turquía), y Alejandría (Egipto).

LIBRO DE TABLAS COMPARATIVAS BÍBLICAS, MAPAS Y LÍNEAS DE TIEMPO: EDICIÓN DEL DÉCIMO ANIVERSARIO

¡Libro de referencia éxito de ventas!

- 30 páginas AGREGADAS de contenido NUEVO sobre temas bíblicos, incluyendo el Salmo 23, El Padrenuestro, las doce tribus de Israel y más.

- ¡Más de 200 tablas comparativas bíblicas, mapas y líneas de tiempo REPRODUCIBLES!

Tapa dura
228 páginas
ISBN 9781496479556

TAMBIÉN DISPONIBLE POR ROSE ESPAÑOL

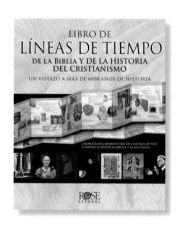

Libro de líneas de tiempo de la Biblia y de la historia del Cristianismo

Revela 6000 años de historia, desde Adán hasta nuestros días.

Tapa dura
Cronograma desplegable de 20 pies (6 m)
ISBN 9780805495959

El Tabernáculo: guía ilustrada

Vea cómo la tienda reveló la santidad de Dios.

Tapa dura
108 páginas
ISBN 9780805495430

Guía ilustrada del templo

Láminas transparentes e ilustraciones desplegables de 24 pulgadas (61 centímetros).

Tapa dura
144 páginas
ISBN 9780805497557

www.HendricksonRose.com